SŁOWIKO
i MASA

ARTUR GÓRSKI

SŁOWIKOWA i MASA

Monika Banasiak
Jarosław Sokołowski

TWARZĄ w TWARZ

Prószyński i S-ka

Projekt okładki
Prószyński Media

Zdjęcie na okładce
Tatiana Jachyra

Zdjęć w książce nie traktujemy jako ilustracji do konkretnych rozdziałów,
ale jedynie jako uzupełniający materiał reporterski.
Dlatego też nie zostały podpisane.

Redaktor prowadzący
Michał Nalewski

Redakcja
Ewa Charitonow

Korekta
Katarzyna Kusojć
Grażyna Nawrocka

Łamanie
Alicja Rudnik

ISBN 978-83-8123-047-6

Warszawa 2017

Wydawca
Prószyński Media Sp. z o.o.
02-697 Warszawa, ul. Rzymowskiego 28
www.proszynski.pl

Druk i oprawa
CPI Moravia Books

Fot. Tatiana Jachyra

Artur Górski – dziennikarz, pisarz, autor bestsellerowej rozmowy z Jarosławem Sokołowskim *Masa o kobietach polskiej mafii*, nagrodzonej Bestsellerem Empiku 2014 w kategorii literatura faktu, kolejne tomy – *Masa o pieniądzach polskiej mafii*, *Masa o porachunkach polskiej mafii*, *Masa o bossach polskiej mafii*, *Masa o kilerach polskiej mafii* i *Masa o żołnierzach polskiej mafii* – przez wiele miesięcy podbijały listy bestsellerów. Poza nimi napisał wiele powieści sensacyjnych, m.in. *Gucci Boys*, *Al Capone w Warszawie*, *Zdrada Kopernika*, oraz pozycji z gatunku non-fiction: *Świat tajnych służb*, *Gang* i *Pięść Dawida*. Specjalizuje się w problematyce międzynarodowej przestępczości zorganizowanej. Twórca magazynu „Focus Śledczy”.

Fot. Tatiana Jachyra

Monika Banasiak „Słowikowa" – Monika Banasiak (z domu Zielińska), była żona jednego z bossów grupy pruszkowskiej Andrzeja Z. „Słowika". Przez całą dekadę lat 90. Monika była dla mediów symbolem luksusu w hollywoodzkim stylu – dziennikarze chętnie pisali o jej życiu, o strojach, które nosi, i jej ulubionych kosmetykach. Po aresztowaniu męża policja podejrzewała Monikę Banasiak o kierowanie grupą przestępczą. W 2013 roku została zatrzymana i trafiła na dwa i pół roku do aresztu przy ulicy Chłopickiego w Warszawie. W 2015 roku opuściła areszt za poręczeniem majątkowym i w trakcie procesu mogła odpowiadać z wolnej stopy. Po wyjściu na wolność postanowiła odmienić swoje życie – w centrum Warszawy stworzyła gabinet medycyny estetycznej oraz rozpoczęła działalność jako doradca coachingowy. W 2016 roku ukazała się jej bestsellerowa książka *Królowa mafii*.

Fot. Tatiana Jachyra

Jarosław Sokołowski – pseudonim Masa, były przestępca, jeden z najbardziej wpływowych gangsterów tzw. grupy pruszkowskiej, od 2000 r. świadek koronny. W latach 90. blisko związany z jednym z pruszkowskich bossów Andrzejem K. „Pershingiem". Skłócony z większością szefów mafii. Dzięki jego zeznaniom udało się pogrążyć „Pruszków". Wbrew woli mafijnego zarządu, utrzymywał także dobre stosunki z bossem trójmiejskiego półświatka – Nikodemem N. Skotarczakiem, którego poznał wiele lat wcześniej w Hamburgu. W czasach, gdy był aktywnym gangsterem (w jego podgrupie funkcjonowało prawie 1500 ludzi) próbował legalizować swoje interesy. Jednym z nich była Planeta – jedna z najlepszych dyskotek w tej części Europy oraz wiele innych firm. Miał dobre kontakty zarówno ze światem biznesu, jak również polityki.

OD AUTORA

Artur Górski

Dla dziennikarza zajmującego się tematyką polskiej mafii trudno o większe wyzwanie niż nakłonienie dawnych wrogów, aby usiedli za jednym stołem. I w rzeczowej rozmowie, choćby gwałtownej i emocjonalnej, wyjaśnili sobie powody, dla których kiedyś znaleźli się po dwóch stronach barykady.

A jednak się udało.

Monika Banasiak, zwana „Słowikową", i Jarosław Sokołowski „Masa", uważani za nieprzejednanych wrogów, usiedli naprzeciw siebie, a ja włączyłem dyktafon i niemal natychmiast zamieniłem się w słuch. Na początku pomagałem nieco pytaniami naprowadzającymi ich rozmowę na interesujące mnie tory, ale wkrótce okazało się to niepotrzebne. I Słowikowa, i Masa mieli sobie wiele do powiedzenia, wiele do wytłumaczenia. Wiele do zrozumienia.

Ta książka nie jest jednak wyłącznie zapisem rozmowy Moniki z Jarosławem. Tak naprawdę ich spotkanie to jedynie obszerny rozdział zamieszczony pod sam koniec tomu. Pozostałe rozdziały to w większości opowieści głównych bohaterów (a także wypowiedzi ekspertów z „jasnej strony mocy"), których wysłuchałem, jeszcze zanim spotkaliśmy się we trójkę. Opowieści, które pozwolą lepiej zrozumieć tło konfliktu pomiędzy Masą a Moniką.

Kiedyś, jeszcze na początku lat 90., byli przyjaciółmi. No, może „przyjaźń" to zbyt duże słowo... Ale na pewno byli dobrymi znajomymi, kumplami z jednej paczki, którzy wspólnie spędzają wakacje, bywają u siebie w domach, dzielą się troskami i radościami. Byli z jednej ferajny, z grupy, która rosła w siłę, dając wszystkim jej członkom poczucie bezpieczeństwa oraz bezkarności.

Z biegiem lat jednak drogi Masy i pruszkowskich bossów, do których zaliczano Andrzeja Z. „Słowika", zaczęły się rozchodzić. Masa wiedział, jak kroić mafijny tort, żeby to jemu przypadł jak największy kawałek, oni zaś coraz częściej obchodzili się smakiem. On zawiązywał coraz to nowe sojusze biznesowe, między innymi z Andrzejem K. „Pershingiem", podczas gdy oni kisili się we własnym sosie, z każdym dniem bardziej świadomi własnej niemocy.

Żona Słowika nie brała, oczywiście, udziału w rozmowach pruszkowskiego zarządu na temat ukarania Masy za niesubordynację. Być może początkowo nie uświadamiała sobie nawet, że narasta jakiś konflikt. Ale wielu uważało, że jest uczestnikiem spisku; przecież byli z mężem jak papużki nierozłączki. Z zewnątrz wyglądało to tak, jakby Słowik zwierzał się jej z gangsterskich sekretów. Nie mogło być inaczej!

Trudno powiedzieć, kiedy w głowach starych zakiełkował plan likwidacji sojuszników Masy i jego samego. Bez wątpienia Jarosław Sokołowski był świadomy zagrożenia, ale otwarta wojna z dawnymi kolegami nie była dla niego najlepszym wyjściem. O wiele lepsze rozwiązanie stanowiło przejście na stronę prawa, przyjęcie statusu świadka koronnego i pomoc organom ścigania w walce z rodzimą ośmiornicą.

Rzecz w tym, że wolta Masy oznaczała dla Moniki życiową katastrofę.

Kiedy zaczęły się aresztowania pruszkowskich bossów, Słowik znalazł się na samym początku prokuratorskiej listy. I choć przez pewien czas ukrywał się, także za granicą, wpadł i został aresztowany, a potem skazany na kilka lat więzienia. W efekcie rozpadło się małżeństwo, rozpadła się rodzina. W gruzach legło coś, co okazało się zamkiem zbudowanym na piasku.

Tego Monika nie potrafiła Masie wybaczyć. Sokołowski stał się dla niej ucieleśnieniem jej własnego upadku, człowiekiem, który wyrwał ją ze „słodkiego miłego życia" i sprowadził na dno piekła. Zwłaszcza że zarówno jej mąż, jak i jego przyjaciele cały czas powtarzali, że Masa jest wszystkiemu winien i przez niego będą jeszcze cierpieć.

Dla Sokołowskiego natomiast Monika stała się ucieleśnieniem nienawiści, jaką darzyli go dawni kompani. Ba, wręcz jedną z tych, którzy życzyli sobie jego upadku!

Ta bezsensowna spirala oskarżeń nakręcała się z godziny na godzinę.

Wiele lat po dramatycznych wydarzeniach z 2000 roku usłyszałem od Moniki: „Skoro Masa wiedział, że starzy chcą zrobić krzywdę i jemu, i jego rodzinie, czemu nie dał mi znać? Przecież pamiętam, że dzieci Jarka spały na moich kolanach. Nie wierzę, że nie można było załagodzić konfliktu bez skrajnej agresji"...

Tyle że czasy były takie, że Masa wolał oddać bezpieczeństwo swoje i bliskich w ręce policji.

W tej książce żona Słowika – a raczej była żona – wspomina gehennę pierwszych miesięcy, a potem lat po zatrzymaniu Andrzeja Z. Jako partnerka bossa stała się obiektem ataków ze strony środowiska przestępczego, które wyrosło na gruzach Pruszkowa. A dla organów ścigania ogniwem łączącym świat zewnętrzny ze światem uwięzionym. Mówiąc krótko: znalazła się na celowniku. Kiedy poznała Wadima, postrzeganego jako szef ukraińskiej mafii w Polsce, i po pewnym czasie związała się z nim, mogło się wydawać – i policja tak to odebrała – że stare koneksje, wzbogacone o te nowe, pozwolą Monice stanąć na czele nowej silnej grupy przestępczej.

Dodatkowo szum wokół Słowikowej podsycały media, przedstawiając ją jako „królową mafii". Społeczeństwo uwierzyło, że Monika stanowi zagrożenie.

Kiedy w 2013 roku została wreszcie zatrzymana, na portalu internetowym jednej z telewizji pojawiła się wypowiedź oficera Centralnego Biura Śledczego Policji, który stwierdził, że Słowikowa jest… jeszcze gorsza od męża!

W warszawskim więzieniu przy Chłopickiego spędziła ponad dwa i pół roku, z podstawowym zarzutem kierowania zorganizowaną grupą przestępczą. W 2015 roku wyszła na wolność za kaucją i mogła odpowiadać z wolnej stopy.

Z jej aresztowaniem Masa nie miał nic wspólnego – nigdy nie składał obciążających ją zeznań. Przeciwnie, zawsze uważał, że została wmanewrowana w kłopoty przez jednego z pruszkowskich gangsterów, który posiadał przez pewien czas status świadka koronnego. Nigdy nie wycofał się z zeznań na temat Andrzeja Z. „Słowika", ale na procesie Moniki zeznawał na jej korzyść.

W lipcu 2017 roku zapadło w tej sprawie rozstrzygnięcie w pierwszej instancji, a sędzia ogłosił wyrok: trzy i pół roku więzienia. Podstawowy postawiony Monice zarzut, jakim była „kierownica", czyli kierowanie grupą przestępczą, upadł z braku wystarczających dowodów. Sąd uznał, że takiej zhierarchizowanej grupy po prostu nie było, choć zaznaczył, że Słowikowa czerpała korzyści z działalności przestępczej, głównie z handlu narkotykami.

Wziąwszy pod uwagę, że prokurator domagał się wyroku sześcioletniego, oskarżona teoretycznie powinna być zadowolona z decyzji sędziego. Ale skazana uważa, że jest niewinna. I pragnie tego dowieść.

W chwili, gdy piszę te słowa, obrona Moniki Banasiak przygotowuje się do procesu apelacyjnego. Apelację, po zapoznaniu się z pisemnym uzasadnieniem sądu, zapowiedziała też prokuratura. Co z tego wyniknie, trudno spekulować.

Tak czy siak, dawni wrogowie zdecydowali, że zmierzą się z przeszłością w dyskusji, rzeczowej i pokojowej. Twarzą w twarz, bez znieczulenia wyjaśnią sobie, po co, przez kogo i dlaczego.

Zapraszam do lektury!

ROZDZIAŁ 1

„Śniło mi się, że wyjdę na twojej zmianie"

Monika Banasiak: Tego dnia nie zapomnę nigdy. Pamiętam każdą godzinę, każdą minutę. To był ósmy października - niby prawie jesień, ale mnie się wydawało, że wolność miała zapach lata. Kiedy wyszłam przez bramę więzienia przy Chłopickiego, słońce na chwilę dosłownie mnie oślepiło. Zupełnie jakbym wyszła po latach z wielkiej ciemności. Moja ciemność - i w przenośni, i dosłownie - trwała dwa i pół roku. Tyle czasu spędziłam za kratami, większą część w ciemnej celi. Wychodziłam na spacer tylko na godzinę dziennie.

W jednej chwili poczułam, że przestałam należeć do świata, który właśnie opuszczałam. Że ta beznadziejna penitencjarna subkultura, z jej regułami i prawami, już nie jest moją rzeczywistością. Że wracam do normalnego świata, gdzie nikt nie grypsuje i nie kontaktuje się z drugim człowiekiem, wystukując wiadomość na ścianie. Gdzie nie stoi nad tobą oddziałowa i nie budzisz się na apel, gdzie „kolejka" musi być zasłana.

I w końcu jesz z talerza metalowymi sztućcami i pijesz wino z kieliszków.

Dźwięki wolności są zupełnie inne od dźwięków więzienia. Pod celą nasłuchujesz kroków klawisza po „peronce", szczęku

Fot. Jan Zdzarski Jr/East News

kraty czy chrzęstu klucza w klapie. Słyszysz krzyki osadzonych, szczególnie głośne, gdy się odkrywa, że ktoś się „wybujał", ktoś kogoś gwałci czy zabija.

Przez cały czas pobytu w więzieniu wyobrażałam sobie ten dzień, kiedy się dowiem, że przyszedł faks z decyzją o zwolnieniu. A potem chwilę, w której przekraczam próg. Pisałam sobie w głowie różne scenariusze i to między innymi one pozwalały mi przetrwać niewolę.

Aż stało się.

Czułam, jak ogarnia mnie euforia, choć nie zdawałam sobie sprawy, do jak wielkiej samotności wracam. Wprawdzie już wcześniej dostawałam sygnały, że po wyjściu na wolność będę musiała się zmierzyć z różnymi problemami, ale nie sądziłam, że powrócę do totalnej pustki. Że zostanę z niczym i będę jeszcze bardziej samotna niż na Chłopickiego. Ale na razie cieszyłam się widokiem świata bez krat, choć bądźmy szczerzy – okolica więzienia dla kobiet na warszawskim Grochowie to nie jest Lazurowe Wybrzeże. To ponury wygwizdów, który obiektywnie nie ma prawa się podobać. A jednak w tamtym momencie był dla mnie piękny. Oczywiście gdy nie patrzyłam do tyłu.

Postawiłam obok siebie torby, z którymi wyszłam, i zaczęłam się zastanawiać, co dalej. Przecież nawet nie wiedziałam, jak dojechać stamtąd do jakiejś cywilizacji.

Na szczęście za chwilę podjechał samochodem Wadim, mój były partner, z którym byłam związana przez kilka lat (o czym zresztą wielokrotnie donosiły media). Teraz był już z inną kobietą i wcale nie miał obowiązku mi pomagać. No ale ludzie ze Wschodu mają poczucie honoru, które nie pozwala im wypiąć się na kogoś, kto kiedyś był dla nich ważny. Szczególnie jeśli ten ktoś nie jest w stanie poradzić sobie sam. Podszedł do mnie uśmiechnięty, z bukietem pięknych kwiatów, i padliśmy sobie w ramiona. Może rzeczywistość nie była idealna, ale ja nie wymagałam niczego więcej. Pewnie byłoby jeszcze lepiej, gdyby czekał na mnie także syn, ale wiedziałam, że na to nie mam co liczyć. A może zresztą i dobrze, że nie widział, jak mama opuszczała areszt śledczy? Po co mu taki kadr w kolekcji wspomnień?

Myślałam, że Wadim zawiezie mnie do mojego mieszkania na Ursynowie, ale powiedział, że pojedziemy na Saską Kępę, do moich rodziców. O Ursynowie mogłam zapomnieć, o czym zaraz miałam się dowiedzieć, choć mama przez telefon przygotowywała mnie na różne złe scenariusze.

Przeczucie podpowiadało mi, że właśnie zaczynają się schody. Bardzo wysokie i strome.

Nie myliłam się.

* * *

Artur Górski: Spędziłaś na Chłopickiego dwa i pół roku. Czy odsiedziałaś cały wyrok?

Monika Banasiak: To nie tak. Byłam w areszcie śledczym, a nie w zakładzie karnym. To była sankcja, nie wyrok. Okres do momentu rozpoczęcia rozprawy. Sankcja powinna zabezpieczać prawidłowy tok postępowania przygotowawczego i według kodeksu karnego nie powinna przekraczać dwóch lat. Teoretycznie, bo mój czas za kratami przedłużył się do ponad dwóch. Przebywałam tam już po rozpoczęciu rozprawy.

A.G.: Pozwolono ci odpowiadać z wolnej stopy. Ale, jak rozumiem, nic za darmo. Czy musiałaś wpłacić kaucję?

M.B.: Oczywiście. I początkowo była to dla mnie suma wręcz kosmiczna, 150 tysięcy złotych. Po jakimś czasie sąd zorientował się jednak, że ja naprawdę nie jestem w stanie zdobyć takich pieniędzy, i opuścił stawkę do 120 tysięcy. To i tak był majątek.

Tak naprawdę sąd przychylił się do wniosku mojego adwokata o wypuszczenie mnie z aresztu już cztery miesiące wcześniej, ale wyznaczył kaucję. Tak więc przez ten czas przebywałam w tak zwanym areszcie kaucyjnym, czekając, aż uda się uzbierać całą sumę. Nawet nie wiesz, jakie to jest potworne uczucie, gdy siedzisz, choć jesteś zwolniona, a chodzi wyłącznie o pieniądze. Tylko o pieniądze. Na dworze upalne lato, ptaki śpiewają, słońce grzeje, a ty leżysz w smrodzie i ciemności. I możesz sobie tylko pomarzyć o tym, że jesteś po drugiej stronie.

A.G.: Nie miałaś, jak to się mówi, skitranych gdzieś na wolności pieniędzy na czarną godzinę?

M.B.: Niestety. Przed zatrzymaniem pracowałam w banku i ledwie wiązałam koniec z końcem. Przypominam ci, że prokuratorskie zarzuty obejmowały okres 2001–2005. To było ponad 10 lat temu.

A.G.: Miałaś chyba wielu przyjaciół z dawnych lat, gotowych wesprzeć cię w trudnej chwili?

M.B.: Przyjaciele z dobrych czasów są przyjaciółmi na dobre czasy. W gorszych momentach nie zawsze się sprawdzają.

A.G.: A były mąż, Andrzej Z.?

M.B.: Cóż…

A.G.: Zatem jak udało się uzbierać kaucję?

M.B.: Nie chcę wchodzić w szczegóły. Powiedzmy, że w końcu znaleźli się ludzie gotowi zapłacić za moje zwolnienie. Tak czy inaczej, już dzień wcześniej wiedziałam, że następnego wychodzę. Miałam już spakowany „mandżur", czyli tobołek z podstawowym wyposażeniem więźnia. Wcześniej porozdawałam dziewczynom rzeczy mające wartość za kratami bezcenną: kremy, kosmetyki, buty. Wiele osadzonych nie dostaje jakiejkolwiek pomocy z wolności, więc wiem, że zasłużyłam sobie na ich wdzięczność.

A.G.: A tobie kto pomagał?

M.B.: Tylko Wadim, który, choć związał się z inną kobietą, nie zostawił mnie w potrzebie. Wpłacał mi na wypiskę co miesiąc. Robił paczki żywnościowe, kupował leki na talony, bo często chorowałam w areszcie, ponadto kosmetyki, ubrania. I oczywiście „szkiełko" (dla niewtajemniczonych – telewizor – przyp. A.G.), jedyny kontakt ze światem rzeczywistym. Pomagał mojej mamie, woził ją na widzenia. On najlepiej wiedział, co tam jest potrzebne, bo przecież kiedyś ten świat był jego światem. Także on w znacznym stopniu dorzucił się do kaucji.

A.G.: Odwiedzał cię w więzieniu?

Fot. Bartosz Krupa/ East News

M.B.: Nie mógł. Nie dostałby zgody na widzenie ze mną. Ostatecznie oboje mieliśmy zarzuty w tej samej sprawie. Ale przychodzili nasi wspólni przyjaciele. I zawsze przekazywali pozdrowienia od niego.

A.G.: Myślałaś o tym, co zastaniesz na wolności?

M.B.: Cały czas. I muszę ci powiedzieć, że takie myślenie nie jest wyłącznie przyjemne. Bo niby wyrywasz się na drugą stronę, ale nie wiesz, co tam zastaniesz, co cię tam czeka. Czy ci, którzy byli ci bliscy, nadal cię będą akceptować i otaczać przyjaźnią? No ale kiedy nadszedł ten dzień, czułam się, jakby mnie ktoś podłączył do prądu. Rano pod celę 603 przyjechał wózek z obiadem, dla mnie ostatnim „z platera", o dziwo, smacznym. Wszystkie dziewczyny „na prostej" już wiedziały, że Słowikowa wychodzi na wolność. Takie newsy rozchodzą się w areszcie z szybkością błyskawicy.

Po obiedzie wszystko wróciło do normy – zachowywałam się, jakby to był zwykły dzień. Ale czekałam na sygnał. W końcu zadzwonił „beton" w ścianie i usłyszałam głos: „Banasiak, do wychowawcy". I już wiedziałam, że zaraz koszmar się skończy. Poszłam do wychowawcy i usłyszałam, że przed nami ostatnia rozmowa, polegająca właściwie tylko na podpisaniu czegoś w rodzaju protokołu z ostatniej rozmowy. Ugięły się pode mną nogi, usiadłam na „fikole", czyli taborecie, bo nie mogłam ustać. Obok stała moja ulubiona oddziałowa i uśmiechała się do mnie. Powiedziałam do niej: „Wiesz, śniło mi się, że wyjdę na twojej zmianie". Bo naprawdę miałam taki sen, może nawet kilka razy. Ledwie podpisałam ten protokół, bo nie byłam w stanie utrzymać w dłoni długopisu. Tak bardzo drżała mi ręka.

Potem jeszcze dziewczyny spod celi spakowały mi mandżur „na biało", z prześcieradłem na wierzchu, bo tak się pakuje na wyjście. „Przepukałam" do dziewczyn z oddziału karnego na górę, że wychodzę. Żałowały, oczywiście w żartach, że już nie będzie dla nich „chabet" z tytoniem i z kawą. Życzyły mi wszystkiego dobrego na wolności.

Porozdawałam rzeczy, bo po co mi tam one? I ostatni raz zamknęła się za mną klapa celi, już z drugiej strony.

Jeszcze tylko magazyn – rozliczenie rzeczy, kasa z wypiski, uzbierana dzięki Wadimowi, podpis, że wychodzę. I brama, za którą były wolność i słońce.

ROZDZIAŁ 2

Jeden pogrzeb i jeden sylwester

Monika Banasiak: Dowiedziałam się, że mój były mąż Andrzej sprzedał nasze mieszkanie w ciągu tych czterech miesięcy, gdy czekałam na uzbieranie kaucji. Zrobił to z pełną premedytacją, żebym nie miała dokąd wrócić po wyjściu z więzienia. Spakował cały mój dobytek w dwadzieścia kartonów, w tym moje zdjęcia, książki, bibeloty, ciuchy, i oddał je do przechowalni. Opłacił jednak tylko miesiąc; potem już sama musiałam się martwić, co dalej z tymi kartonami. Zostawił mi jedno zdjęcie, nasze wspólne. Włożył je do jednego z tych kartonów. Chyba to miał być jakiś sygnał. Pewnie żebym pamiętała, co straciłam.

Spod więziennej bramy Wadim zawiózł mnie do rodziców. To, co tam zobaczyłam, przeraziło mnie – dwoje starych schorowanych ludzi, żyjących na krawędzi ubóstwa. Ależ wiele zmieniło się w ich życiu od mojego uwięzienia! Matka jeszcze jako tako funkcjonowała, ale ojciec był prawie nieprzytomny, tak naprawdę w stanie agonalnym. Powiedzieć obraz nędzy i rozpaczy to nic nie powiedzieć. Ojciec, gdy się na chwilę obudził, nawet mnie nie poznał. On był już w zupełnie innym świecie, na chwilę zawieszony między życiem a śmiercią.

Szybko zrozumiałam, że tam nie będę mogła mieszkać. Byłabym tylko obciążeniem dla mojej matki. Od razu oddałam jej dwa tysiące złotych, które otrzymałam, opuszczając zakład karny – w ramach tak zwanej żelaznej kasy na „dobry" początek. Dla siebie zachowałam jedynie jakieś grosze. W tamtym momencie byłam w jednej wielkiej czarnej otchłani, nie miałam pojęcia, dokąd pójść, gdzie się podziać. Oczywiście nie było mowy, abym próbowała zatrzymać się u Andrzeja. Przed oczami stanęła mi wizja noclegu pod mostem. Serio.

Wtedy niezawodny Wadim zaproponował mi coś, co w tamtej sytuacji wydawało się zaproszeniem do raju. Powiedział: „Monika, musisz się wykąpać, wyspać, odetchnąć. Zarezerwowałem ci apartament w Hiltonie. Dojdziesz do siebie, a potem się będziemy martwić, co dalej".

Pojechaliśmy na Grzybowską. Gdy wchodziłam do wytwornego lobby, miałam wrażenie, że to tylko sen, a ja zaraz się obudzę. Albo w mieszkaniu rodziców, albo jeszcze gorzej – w celi numer 603.

Ale to nie był sen. Wadim doskonale wiedział, jak zapewnić mi chwilę zapomnienia, której tak bardzo potrzebowałam.

Nawet nie wiesz, co to znaczy stać pod prysznicem w Hiltonie otulona pięknymi zapachami kosmetyków i zmywać z siebie brud i gorycz ponad dwóch straconych lat. To jest coś, czego nie zrozumie nikt, kto tego nie przeżył.

Potem poszliśmy na doskonały obiad – Wadim miał gest i zamówił najdroższe dania i najlepsze wino. A ja, ze ściśniętym przez pobyt w więzieniu żołądkiem, nawet nie byłam w stanie tknąć tych smakołyków. Wystarczało mi jednak, że je widziałam i miałam poczucie, że zostały przygotowane na moją cześć! Myślałam o swoim życiu i o tym, że tylko jedno jest w nim pewne: zmiany.

Że nigdy nie jesteś na tyle wysoko, żeby nie bać się upadku, ale też nigdy nie upadasz tak nisko, żeby się nie podźwignąć.

Wieczór w Hiltonie był równie piękny. Odwiedził mnie Wadim, towarzyszyła mu jego partnerka. Przynieśli szampana, bo tylko taki trunek był odpowiedni na imprezę z okazji powitania wolności. Oczywiście impreza ograniczała się wyłącznie do cichej rozmowy – trochę płaczu, trochę śmiechu – ale to było wszystko, czego potrzebowałam. W pewnym momencie podeszłam do okna, które wypełniało całą ścianę – przede mną rozpościerała się panorama Warszawy. Miasta, które bardzo się zmieniło od czasu, gdy trafiłam za kratki: nowe piękne wieżowce, morze świateł aż po horyzont, nieprzerwany sznur samochodów i potok ludzi. Po prostu życie, normalne życie.

Teraz i ja byłam jego częścią.

Stałam boso, w białym, pachnącym hotelowym szlafroku, trzymałam w ręku kieliszek szampana i powtarzałam cały czas, jak mantrę: „Jestem wolna, jestem wolna". Wiedziałam, że tę partię wygrałam. Ale to nie znaczyło, że wygrałam wojnę.

Zupełnie jak w jakimś harlequinie, no nie?

* * *

Artur Górski: Ale następnego ranka chyba już nie było harlequina?

M.B.: Następnego dnia poszłam do fryzjera, a potem do manikiurzystki. To doskonały sposób na to, żeby po raz kolejny przypieczętować odzyskanie wolności. Postanowiłam jak najszybciej powrócić do swoich rytuałów sprzed więzienia, choć

Fot. Jan Zdzarski Jr/East News

miałam świadomość, że będzie mi to przychodzić coraz trudniej. Ale chciałam dobrze wyglądać, także dlatego, że na popołudnie byłam umówiona na spotkanie z Andrzejem i moim synem. Nie mogłam się pokazać w kiepskiej formie. Mieli zobaczyć kobietę, która pokonała przeciwności losu, a nie pozwoliła im się złamać.

A.G.: To musiał być dla ciebie wyjątkowo trudny moment.

M.B.: Moment był faktycznie trudny, bo samo spotkanie okazało się jeszcze bardziej nieprzyjemne, niż przewidywałam. Andrzej wraz z synem przyjechali do domu moich rodziców na Saską Kępę. Mój były mąż nie bawił się w jakieś czułe powitania, tylko rzucił coś w stylu: „Idziemy stąd, tu nie ma warunków do rozmowy".

Poszliśmy do taksówki. Oczywiście nie było mowy, żebym przytuliła synka. On zresztą chyba wiedział, że nie powinien okazywać mi czułości. Do kawiarni na Chmielnej jechaliśmy w prawie zupełnym milczeniu i w takiej atmosferze, jakby zaraz miało nastąpić jakieś elektryczne wyładowanie.

W końcu usiedliśmy przy stoliku, coś przekąsiliśmy i zaczęła się rozmowa, nieprzyjemna, pełna agresji i jednostronnych oskarżeń. Zapewniam, że takim tonem nie rozmawiał ze mną żaden prokurator. Miałam wrażenie, że Andrzej chce mnie wgnieść w ziemię. I bardzo mu zależy, żeby syn był tego świadkiem.

A.G.: O co miał pretensje?

M.B.: O wszystko. Lista jego oskarżeń to temat na osobną opowieść. Głównie chodziło mu o to, że odeszłam do Wadima i rzekomo uczyniłam w ten sposób krzywdę naszemu dziecku. Ale nie tylko o to. Tak naprawdę w Andrzeju nie było żadnej woli porozumienia, jedynie agresja.

Najlepsze, że miał żal także o to, że poprzednią noc spędziłam w Hiltonie. Zupełnie jakbym nie miała do tego prawa i powinnam przespać się pod mostem Poniatowskiego, najlepiej w worku pokutnym! Nie dziwię się synowi, że nawet nie próbował stawać po mojej stronie, bo miałam świadomość, że został doskonale zmanipulowany przez mojego eks. Poza tym miał dopiero piętnaście lat. Człowiek nie jest jeszcze wtedy w pełni ukształtowany i świadomy tego, co jest dobre, a co złe.

W pewnym momencie nie wytrzymałam napięcia i postanowiłam wyjść z kawiarni. Oczywiście tak naprawdę nie załatwiliśmy żadnej ze spraw, ale też nie o załatwianie chodziło, ale o upokorzenie mnie. Wstałam od stolika ze łzami w oczach i ruszyłam w stronę drzwi, a za mną Andrzej rzucający pod moim adresem rozmaite niewybredne uwagi. Starałam się iść jak najszybciej, ale – nie uwierzysz! – nie byłam w stanie. Moje stopy odwykły od chodzenia; ostatecznie przez dwa i pół roku głównie leżałam na koju. Czułam potworny ból, ale nie chciałam się zatrzymywać.

Byłam jak osaczony zbity pies.

Andrzej zatrzymał taksówkę. Chciał, żebym wsiadła razem z nimi. Ale ja się bałam, nie byłam pewna, co mu znowu wpadnie do głowy. Myślałam tylko o jednym: uciec byle gdzie.

A.G.: Dał ci w końcu spokój?

M.B.: Tak. Być może gdybyśmy byli na jakimś odludziu, nie odpuściłby tak łatwo. Ale to się działo w samym centrum miasta, na placu de Gaulle'a, niemal pod palmą, więc w końcu odjechał. A ja zadzwoniłam do jedynej osoby, na którą mogłam liczyć: do Wadima. Powiedziałam mu: „Zabierz mnie stąd, ja już sobie z tym wszystkim nie daję rady", a on za chwilę był przy mnie. Ponieważ nie miałam gdzie mieszkać – przecież nie mogłam liczyć na kolejne noce w Hiltonie – zawiózł mnie do swoich przyjaciół. Mieszkali w domu pod Warszawą i zgodzili się udzielić mi na jakiś czas gościny.

I rzeczywiście, mieszkałam u nich. To bardzo przyzwoici ludzie, którym po dziś dzień jestem bardzo wdzięczna za tamto wsparcie.

A.G.: Podejrzewam, że była to jedynie twoja noclegownia? Większość czasu i tak spędzałaś w Warszawie.

M.B.: Oczywiście! Po pierwsze, musiałam być cały czas u rodziców, żeby pomagać mamie w opiece nad umierającym ojcem. Inna sprawa, że mama też wymagała opieki, ale była dzielna i starała się godnie znosić swój los. Po drugie, jako że zostałam zwolniona warunkowo, pięć razy w tygodniu musiałam stawiać się na policji, żeby podpisać dozór. Teoretycznie to nie jest jakaś wielka uciążliwość, ale kiedy mieszkasz poza Warszawą, a poza tym próbujesz sobie zorganizować życie, te dozory stają się koszmarem. Tym bardziej że te wielkie odległości musiałam przemierzać autobusami, a nie miałam pieniędzy na bilety. Więc przeważnie kursowałam na gapę. Na szczęście nigdy mnie nie złapano.

Początkowo chciałam sobie zapewnić pieniądze na jedzenie. Owszem, ludzie, u których mieszkałam, cały czas prosili, abym siadała z nimi do stołu, ale ja nie chciałam być dla nich ciężarem. Na dłuższą metę to było niemożliwe. Wyobrażasz sobie taką sytuację: kobieta po pięćdziesiątce, która kiedyś opływała we wszystko, teraz musi startować dosłownie od zera? I kombinuje, za co ma kupić sobie bochenek chleba.

Do luksusu człowiek łatwo się przyzwyczaja, ale da się i odzwyczaić. Ja już to wiem. Zawsze wiedziałam, dlatego moje oczekiwania były naprawdę niewielkie.

Nie uwierzysz, ale w ciągu następnych miesięcy wielokrotnie zdarzało mi się wchodzić do sklepu spożywczego, patrzeć na półki i myśleć: a gdyby tak zwędzić bułkę i kefir? To przecież niska szkodliwość społeczna, nikt by mnie za to nie wsadził do puchy! No ale jakoś nigdy się nie odważyłam, choć z każdym dniem ta moja wymarzona wolność podobała mi się coraz mniej.

A.G.: I co zamierzałaś robić dalej? Jakie myśli krążyły ci po głowie?

M.B.: Stałam na rozdrożu, nie miałam pojęcia, co ze mną będzie, ale nie wyobrażałam sobie utraty wolności. Postanowiłam iść małymi kroczkami w stronę nowego życia. Takim pierwszym małym kroczkiem było wyrobienie dowodu osobistego – niby nic wielkiego, ale dla mnie to było coś! Kiedy jednak otrząsnęłam się z pierwszych ponurych myśli, wydarzyło się to, czego się wprawdzie spodziewałam, ale co mimo wszystko stanowiło dla mnie bolesny cios: umarł mój tata. Stało się to w południe 14 listopada, czyli niewiele ponad miesiąc od wyjścia z więzienia. Można powiedzieć, że tata czekał z odejściem do mojego powrotu, a potem, wiedząc, że jestem wolna, zmarł. Musiałam organizować pogrzeb, a traf chciał, że akurat zapadłam na zapalenie płuc. Gdy lekarz przepisał mi antybiotyk, nawet nie miałam trzydziestu złotych na jego wykupienie.

Jeśli sądzisz, że opowiadam ci łzawe historie, żeby cię rozczulić, że przesadzam, że fantazjuję – jesteś w błędzie. Tak wyglądało wówczas moje życie! Ale zastanawiam się, czy ktoś gdzieś na górze nie wymyślił takiego planu: skoro przez lata była żoną wielkiego bossa i opływała we wszystko, niech teraz poczuje, co to znaczy żyć w nędzy i upokorzeniu. Powiem ci – jeśli dasz radę wyjść z tej czarnej dziury, z samego dna upokorzenia, to taka lekcja ci nie zaszkodzi. Tak jak biblijnemu Hiobowi, którego Bóg doświadczył

Fot. Tatiana Jachyra

wyjątkowo mocno, zabierając mu wszystko, aby sprawdzić siłę jego wiary i charakteru.

A.G.: Mawia się, że co cię nie złamie, to cię wzmocni. Ale to tylko taka złota myśl, jakich setki dziennie podbijają Facebooka. Rzeczywistość jest chyba nieco bardziej skomplikowana? Nawet jeśli człowiek nie zostanie złamany, pozostanie w nim ślad, którego trudno się pozbyć do końca życia.

M.B.: Dokładnie tak. Więzienna trauma pozostaje. Ale niepowodzenia, z których się wychodzi obronną ręką, hartują.

Po jakimś czasie postanowiłam wyprowadzić się od tych miłych ludzi, u których mieszkałam. Wprawdzie nikt nie dawał mi tego do zrozumienia, ale ja czułam się tam jak intruz. Ile razy można schodzić do ich salonu na ich kawę, nie na moją? Chciałam się wreszcie usamodzielnić.

A.G.: Łatwo powiedzieć, gorzej wykonać.

M.B.: Dokładnie. Właśnie dlatego zaczęłam żyć trochę jak Cygan – raz tu, raz tu. Raz u jednej koleżanki, raz u drugiej. Jedna noc tu, trzy noce gdzie indziej. Byle tylko nie być dla kogoś ciężarem przez dłuższy czas. Na szczęście mój dobytek był niewielki. Pakowałam się w plastikową torbę i już byłam gotowa do przeprowadzki.

A.G.: Nocleg to jedno, a pieniądze to drugie…

M.B.: Dlatego dość szybko znalazłam sobie pracę. Dorywczą i mało płatną, ale jednak pracę. Mówiąc wprost – zaczęłam sprzątać mieszkania. Tu sto złotych, tam pięćdziesiąt. I już przynajmniej mogłam kupić coś do jedzenia.

A.G.: Wielu w to nie uwierzy. Słowikowa sprzątająca mieszkania!

M.B.: Żadna praca nie hańbi. A w tamtym czasie nie miałam wyboru. Dzięki tej pracy zresztą udało mi się kupić wymarzony samochód. Oczywiście nie była to żadna limuzyna, tylko kilkunastoletni nissan micra, za 900 złotych. Wyobraź sobie, jaki to musiał być złom, skoro kosztował tak niewiele! Ale choć w przeszłości jeździłam mercedesami z najwyższej półki i bentleyami, ta micra dała mi więcej radości niż wszystkie luksusowe auta razem wzięte. Bo sama na nią zarobiłam. Stała się dla mnie symbolem tego, że sprawy zaczynają iść w dobrą stronę. Gdy padał deszcz, ludzie mokli na przystankach, a ja sobie jechałam wygodnie – no, powiedzmy, że w miarę wygodnie – w moim rozklekotanym autku z niedomykającą się szybą. I mogłam dotrzeć, powiedzmy, że w miarę wygodnie, gdzie tylko sobie zamierzyłam.

A.G.: Zupełnie jakby to był twój pierwszy samochód!

M.B.: Bo w jakimś sensie był pierwszy. Pierwszy w nowym życiu! Problem w tym, że niedługo potem złamałam rękę, i to bardzo poważnie, i znów byłam unieruchomiona. Jak wiesz, nieszczęścia chodzą parami. W moim przypadku chodziły całymi tabunami. Znów dopadło mnie wrażenie, że nie mam nic, ale wtedy uświadomiłam sobie, że mam wolność. A to już bardzo dobra podstawa do budowania czegoś większego. Pamiętasz ten cytat z *Ziemi* *obiecanej*? „Ja nie mam nic, ty nie masz nic, on nie ma nic. To razem mamy właśnie tyle, żeby założyć fabrykę". Bardzo często przypominałam sobie te słowa.

Miałam wolność i wspaniałego, mądrego syna. Syna, który w tamtym momencie był ode mnie daleko, który mnie pewnie nie chciał, ale wierzyłam, że to się kiedyś zmieni. Że będziemy sobie tak bliscy, jak przed laty.

A.G.: Czy syn był na pogrzebie twojego taty?

M.B.: Tak. Przyszedł razem z Andrzejem. Muszę przyznać, że kupili piękne wieńce. Ale ze mną nie rozmawiali. Zresztą wcale nie jestem pewna, czybym tego chciała. Jestem wdzięczna synowi za to, że wysupłał wówczas ze swojej skarbonki jakieś pieniądze i dał je babci, czyli mojej mamie, bo bezpośrednio mnie nie mógł ich dać.

Natomiast mój były mąż nie pomógł mi przy finansowaniu pogrzebu, a ja naprawdę nie miałam na to pieniędzy. To, jak je zorganizowałam, pozostanie moją tajemnicą. W każdym razie po dziś dzień spłacam ten dług.

A.G.: Ważne, że choć z wielkim trudem, jakoś wszystko udawało ci się załatwić, podopinać.

M.B.: A każda taka załatwiona sprawa tylko utwierdzała mnie w przekonaniu, że wszystko się ułoży. Postanowiłam, że muszę jakoś uczcić sylwestra. Oczywiście nie marzyłam o jakimś wytwornym balu i o tym, że ktoś mi będzie towarzyszył. Zapłaciłam za imprezę, na którą, niestety, poszłam sama. W areszcie nauczyłam się samotności, choć jej nie lubię. Delektowałam się wolnością, bez nikogo bliskiego u boku.

Zresztą, patrząc z perspektywy czasu, tak naprawdę nawet w związkach zawsze byłam sama. A na sylwestrze może nie bawiłam się szampańsko, ale to był jeden z momentów przełomowych. Kolejny krok na drodze do ostatecznego powrotu do normalnego świata. Mój pierwszy sylwester na wolności, w szpilkach i w małej czarnej, o którym tak marzyłam pod celą.

ROZDZIAŁ 3

Królowa życia

Artur Górski: Kiedy poznałeś Monikę? Jakie zrobiła na tobie wrażenie? Czy miałeś poczucie, że różni się od dziewczyn, które kręciły się wówczas przy grupie pruszkowskiej, i że za jakiś czas nieźle namiesza?

Jarosław Sokołowski „Masa": Poznaliśmy się na samym początku lat 90. Jak wiesz, mieliśmy swoje biuro w firmie biznesmena Wojciecha P. na Saskiej Kępie. Najpierw był to lokal przy ulicy Francuskiej, a następnie przy Zwycięzców.

A.G.: Rozumiem, że firma P. była jedynie przykrywką dla innej działalności?

J.S.: Powiedzmy, że P. zajmował się deweloperką, a my – czyli między innymi ja i Kiełbasa – przyjmowaliśmy zlecenia o innym charakterze. Potrzebowaliśmy stałego miejsca, w którym „interesanci" mogli nas znaleźć. Początkowo firma P. nazywała się AR, potem ARDOM, a w końcu – ARDOMEX. W tamtych czasach każda nowa firma była przez jakiś czas, bodaj przez dwa lata, zwolniona od podatków, więc opłacało się ciągle zmieniać nazwę i tym samym ciągle mieć nową firmę. Wszyscy tak robili, nie tylko P.

P. był bardzo kochliwy, więc ciągle latał po okolicy i szukał nowych przygód. Oczywiście jego wybranka musiała reprezentować pewien poziom estetyczny, ale z tym nie było problemu. Do takiego biznesmena lgnęły najlepsze towary.

Działał w najbliższej okolicy, nawet nie chciało mu się przejeżdżać na drugą stronę Wisły. W pewnym momencie na samej Saskiej Kępie miał trzy ukochane – jedną była oficjalna żona, drugą jego sekretarka Agnieszka, a trzecia... Powiedzmy, że z tą nie musiał rozmawiać ani o pracy, ani o domu. Musiał tylko ją dmuchać.

A.G.: Wobec Agnieszki, sekretarki, miał więcej obowiązków?

J.S.: To nie był przelotny związek na zasadzie „idziemy do wyra, a potem morda w kubeł". Agnieszka trzymała go mocno i była piekielnie zazdrosna. Jak uznała, że P. skacze na bok – nawiasem mówiąc, jego małżeństwo też chyba traktowała jako skok w bok – to startowała z pazurami i nie było żartów. Pamiętam jedną taką sytuację, kiedy zrobiła mu awanturę... o żonę.

Był sylwester i umówiliśmy się na wspólne świętowanie w Marriotcie. Oczywiście partnerką P. miała być Agnieszka, a nie małżonka. Biznesmen jednak uznał, że trochę czasu musi spędzić z tą drugą – no bo jednak wypada stuknąć się kieliszkiem szampana z prawowitą drugą połową – a dopiero potem dojedzie do nas. Nasza impreza startowała o ósmej wieczorem, a P. dotarł dopiero dwie godziny później. Agnieszka, niewiele się zastanawiając i nie czekając na wyjaśnienia, podrapała pazurami mordę ukochanemu. A potem już świetnie się bawiliśmy do samego rana.

A.G.: Taki był z niego twardziel, a dawał się poharatać kochance?

J.S.: Nie ma skutku bez przyczyny. Skoro przez cały czas przekonywał ją, że jest jedyną prawdziwą miłością jego życia, skoro deklarował, że liczy się tylko ona, to Agnieszka w końcu w to uwierzyła i zaczęła się zachowywać odpowiednio do sytuacji. A że była cholernie zaborcza, to czasem P. musiał sobie pocierpieć. Inna sprawa, że facet był kochliwy i wzdychał do każdej swojej dupy. Miał naturę kolekcjonera, nie tylko zresztą kobiet. W podziemnym parkingu biurowca na Zwycięzców trzymał swoje liczne fury. Było ich tyle, że zajmowały cały rząd. Często schodził na dół, żeby napawać oczy ich widokiem. Mówiąc krótko – auta i kobiety miał pod ręką.

A.G.: Wróćmy do Agnieszki. Odpowiadał jej status sekretarki ukochanego? Przecież wiedziała, że wszyscy widzą, co jest grane.

J.S.: Było jasne, że wcześniej czy później trzeba będzie poszukać innej kandydatki na sekretarkę. Gdy przenieśliśmy się do biura przy ulicy Saskiej, w pobliżu poprzedniego, musieliśmy znaleźć nową. No i trafiła się Monika, dziewczyna z sąsiedztwa.

A.G.: Jak to trafiła się? Sama przyszła i zaoferowała swoje usługi?

J.S.: Znalazł ją Jędrek, człowiek P. od specjalnych zadań. Kiedy trzeba było zrobić coś, co wymagało sprytu i pomyślunku, ruszał do akcji i z reguły wracał z tarczą. Tym razem wrócił z Moniką. Nie mam zielonego pojęcia, jak i gdzie ją wyczaił, ale musisz przyznać, że bardzo się zasłużył dla historii polskiej przestępczości zorganizowanej!

Monika została sekretarką P., a Agnieszka mogła skoncentrować się na innych zadaniach.

W tamtym czasie niemal codziennie przesiadywaliśmy w biurze P. Nie tylko ja i Kiełbasa, ale także wielu innych chłopaków ze szczytu grupy. Co więcej, bywali tam też liderzy Wołomina: Lutek i Stary Klepak. Co tylko świadczy o sztamie, jaka wówczas panowała między nami.

Co zawinęliśmy jakiegoś tira czy najechaliśmy niesfornego dłużnika, od razu jechaliśmy na Saską Kępę i dzieliliśmy zysk. Wiesz, prawdziwi mafiosi nie gadają o wielkich pieniądzach gdzieś w lesie czy pod mostem, ale w eleganckim biurze przy szklance whisky. To chyba oczywiste.

U P. pojawiali się często, na zasadzie papużek nierozłączek, Zygmunt R. „Kaban" (vel Bolo) i Słowik. W tamtym czasie w Pruszkowie były dwa takie tandemy: ja i Kiełbasa oraz wyżej wspomniani. Przy czym Słowik nie był wówczas równy Kabanowi – przesadą byłoby stwierdzenie, że ochraniał Zygmunta (bo to akurat Kaban miał warunki, żeby ochraniać Andrzeja), raczej stanowił kogoś w rodzaju asystenta. Albo przyzwoitki. To zależało od sytuacji.

Jako że Kaban był ważniejszy, zawsze na pewniaka wchodził do biura, a Słowik czasami musiał zadowalać się fotelem w sekretariacie. Oczywiście nie zawsze, ale zdarzało się, że wpierdalał tę łyżkę dziegciu i warował pod drzwiami. No ale to mu się opłaciło, bo w sekretariacie zabawiała go rozmową pani Moniczka i jakoś

Fot. Cezary Aszkiełowicz/Agencja Gazeta

w końcu zaiskrzyło między nimi. Tak go bajerowała, że w końcu zmiękł. A bajerę miała dobrą – była pyskata jak mało kto, ciągle nawijała i nigdy nie miała dość. Dawała się lubić, choć jak ktoś wolał pobyć w ciszy, to raczej przy Monice jej nie zaznał. Ale Słowikowi najwyraźniej to nie przeszkadzało.

Z tego, co wiem, początkowo nie była to żadna wielka burza namiętności, ale luźny związek, który ona nieco wyolbrzymiała. Widocznie miała taką potrzebę.

Ale nie ma wątpliwości, że z czasem ten związek przerodził się w coś poważnego. Słowik zaczął się z Moniką obnosić jak z oficjalną dziewczyną i zabierał ją nawet na nasze rozrywkowe wyjazdy. O ile pamiętam, pierwszy raz towarzyszyła mu w hotelu

Gołębiewski w Mikołajkach. Już wtedy oboje lubili demonstrować, jak bardzo są na siebie napaleni.

A.G.: Szybko weszła w rolę dziewczyny znanego gangstera?

J.S.: Miałem wrażenie, że bardzo jej nasz świat zaimponował i sama chciała stać się jego częścią. I to nie tylko jako partnerka gangstera. Gdy rozmawialiśmy o naszych sprawach zawodowych, ciągle wtrącała swoje trzy grosze. Kiedy Słowik planował jakąś akcję – a przypominam, że w tamtym czasie jeździł na grubo – ciągle mu trajkotała przy wszystkich: „Andrzejku, ty musisz na siebie uważać, Andrzejku, ty to źle wymyśliłeś, ty to musisz zrobić tak, a nie inaczej". Niby chciała być taką troskliwą ukochaną, ale według mnie po prostu go wtedy ośmieszała. No ale było jasne, że jest w swoim żywiole. Zresztą Słowik pewnie widział to inaczej niż ja czy Kiełbasa i podobało mu się, że ma u swojego boku tak oddaną i opiekuńczą kobietę.

Bądźmy szczerzy – Andrzej nie miał jakiejś bardzo bogatej kartoteki damsko-męskiej i łatwo było go owinąć wokół palca. No bo co on się w życiu nadymał? Przecież on za młodu albo siedział w pudle, albo kradł gacie z balkonów i nie obracał się w kręgu atrakcyjnych kobiet. Jego największym awansem społecznym była robota fryzjera...

A.G.: W jakimś porządnym salonie?

J.S.: W bardzo porządnym, tyle że za kratami. Chłopie, on został fryzjerem więziennym! Równie dobrze mógłby być bibliotekarzem czy kalifaktorem, czyli osadzonym roznoszącym posiłki!

Nie wyobrażaj sobie, że był jakimś fachmanem od stylizacji fryzur – po prostu dostał do łapy maszynkę i coś tam musiał z nią podziałać. Tyle że jak ktoś w tamtych czasach grypsował, to był prawdziwym urką i szła za nim sława. A przynajmniej szacunek. A Słowik należał do tej subkultury. To był twardy chłopak i nie bał się konsekwencji grypsowania.

A.G.: Wprawdzie to nie opowieść o Słowiku, ale bardzo mnie interesuje, skąd się wzięła ta ornitologiczna ksywa. Powiedziałbym wręcz – romantyczna.

J.S.: Akurat tyle w niej romantyzmu, ile szampana w szczynach. Rzecz się działa we wczesnych latach 80., w Stargardzie, z którego pochodził Słowik. Był wówczas złodziejaszkiem, który latał na drobne włamy. Do mieszkaniówek jeszcze wtedy nie dorósł i pewnie nawet do głowy mu nie przychodziło, żeby się bawić w klawisznika. Dopiero za jakiś czas stare wygi zaczęły go zabierać na mieszkania i tym samym podciągnęły na wyższy złodziejski poziom. Ale jeszcze nie wtedy.

Akurat trafił mu się jakiś sklep do obrobienia, oczywiście nie żaden salon jubilerski, ale typowe mydło i powidło, czyli interes z artykułami spożywczymi i przemysłowymi. Wpierdolił się do tego sklepu, ale że nie przygotował się do zadania, natychmiast ktoś go zobaczył i doniósł na milicję. Brakowało mu doświadczenia, i pewnie sprytu też, ale był bardzo sprawny – kiedy psy wkroczyły do sklepu, on, niewiele myśląc, wskoczył do olbrzymiej beczki po kiszonej kapuście. Albo po ogórkach kiszonych.

Mam nadzieję, że Andrzej wybaczy mi ten brak precyzji.

Ówczesna milicja to nie były same Borewicze. Mundurowi poświecili latarkami, niczego podejrzanego nie dostrzegli i już mieli zakończyć „szturm", gdy jakiś nieco bardziej rozgarnięty gliniarz podszedł do beczki. Cholera wie, jak mu przyszło do głowy, że to w niej mógł się ukryć włamywacz. I zaczął w nią kopać. Odgłos wydał się podejrzany – niby beczka pusta, ale coś w niej jednak jest. Milicjant zdjął pokrywę i... bingo! W środku siedział skulony Andrzej.

Funkcjonariusze wywlekli go na zewnątrz, żeby się tam nie ukisił, i zaoferowali mu w zamian puszkę. A jako że sklep nazywał się „Słowik" – o ile wiem, tak miał na nazwisko właściciel – do Andrzeja przylgnęła ta ksywka. Nie wiem, czy mu się podobała, ale pewnie nie miał nic przeciwko, skoro pod tym pseudo funkcjonuje po dziś dzień. I jak to on – znów siedzi w puszce.

A.G.: Czy w latach 80. Słowik miał na koncie więcej wyroków niż tylko za ten sklep?

J.S.: Ależ oczywiście. Sklep był jedynie prologiem do pięknej i długiej kariery.

Z biegiem czasu Słowik zaczął trafiać do coraz gorszych chliwów, bo wymiar sprawiedliwości uznał, że ma do czynienia z klientem perspektywicznym. Podczas którejś kolejnej odsiadki, o ile się nie mylę, w zakładzie karnym w Czarnem na Pomorzu, poznał pod celą Zygmunta R. „Kabana" i obaj panowie przypadli sobie do gustu. Co przełożyło się na ich wspólną karierę w strukturach grupy pruszkowskiej. Zresztą w czasie odsiadek Słowik poznał wielu słynnych urków i na tych znajomościach budował własną pozycję. Przesiadywał z nimi godzinami na bajerze przy czaju i rósł. Powoli zaczynał im dorównywać. Trzeba też przyznać, że był bardzo odważnym chłopakiem – nie pękał w żadnej sytuacji. I jak to się mówi, wkładał głowę tam, gdzie inni baliby się wstawić nogę. Gdy w grę wchodziła jakaś ostra akcja, jakieś podłożenie ładunku wybuchowego, skrócenie kogoś o łeb, nie mówiąc już o zwykłych solówach, on zawsze był pierwszy. Nawet jeśli nie był mistrzem sztuk walki i nie dysponował imponującymi warunkami fizycznymi. Nadrabiał sercem. Tym bardzo się różnił od swojego przyjaciela Kabana, który zanim coś zrobił, trzy razy się zastanowił. I nierzadko w efekcie tej refleksji odpuszczał.

Pamiętam, że kiedyś piliśmy razem wódkę – działo się to w knajpie u Alego – i w pewnym momencie o coś się pociąłem z Kabanem. Czułem się ważny, a on pewnie uważał inaczej i dał mi to jakoś odczuć.

Wiesz, jak ury piją wódę, to od miłości jest bardzo blisko do wielkiej nienawiści. A potem na odwrót. W każdym razie wyszliśmy z Zygmuntem na solo. Ja byłem spokojny, że za chwilę go zmiotę z powierzchni ziemi, a on pewnie też miał przeczucie, że tak się właśnie stanie. No bo wtedy wszyscy uważali mnie za wariata z krótkim lontem – jak dostawałem szału, to siałem wokół siebie zniszczenie i nikt nie mógł mnie powstrzymać.

Kiedy tak staliśmy naprzeciwko siebie, ja i Kaban, z boku pojawił się Słowik. Trzymał w ręce butelkę po szampanie i najwyraźniej zamierzał pierdolnąć mnie nią w łeb. Oczywiście w wypadku gdyby Zygmunt nie dał mi rady. Nie wiadomo, jak by to wszystko się skończyło, gdyby nie Kiełbasa, który wyjął z kieszeni komin, wycelował w Słowika i powiedział: „Podnieś tylko rękę z tą butelką, a wywalę ci w dyńkę". Słowik ręki nie podniósł i na tym solówa się skończyła.

Rozeszliśmy się, każdy w swoją stronę. A następnego dnia znów spotkaliśmy się u Alego, podaliśmy sobie ręce i uczciliśmy zgodę kilkoma flaszkami wódy. Tak to wtedy działało.

A.G.: Słowik też tam był?

J.S.: Oczywiście. Przecież to sekundant mojego wroga.

Ale nie ma co się teraz dłużej rozwodzić nad przestępczą karierą Słowika. Chodzi mi tylko o to, że gość przez dłuższą część życia, zamiast rwać towary, leżał pod celą. Owszem, kiedy już do nas dołączył, latał z nami po burdelach, których było zatrzęsienie, ale przyznasz, że pukanie w agenturze to jednak nie jest prawdziwa miłość. Kiedy więc trafiła mu się namiętna szczebiotka w postaci Moniki, stracił głowę. Tak samo zresztą i ona.

A.G.: Lubiłeś Monikę czy raczej zachowywałeś wobec niej dystans?

J.S.: Różnie. To zależy, w jakim czasie.

A.G.: Mam na myśli sam początek waszej znajomości.

J.S.: Trudno jej było nie lubić! Była sympatyczna i uczynna – jeśli tylko mogła w czymś pomóc, zawsze pomagała. Zdarzało się też, że wspomagała nas przy różnych biznesach. Zabieraliśmy ją na różne spotkania, gdzie jako wyszczekana kobitka robiła wrażenie na drugiej stronie i osiągała cele, których sami byśmy nie osiągnęli. Oczywiście mam na myśli sytuacje, gdzie wyrabialiśmy się na biznesmenów związanych z działalnością P., a nie na gangsterów.

Fot. Cezary Aszkiełowicz/Agencja Gazeta

Inna sprawa, że tak jak my potrzebowaliśmy jej, ona potrzebowała nas. Biznesmeni, do których chodziliśmy, to nie był żaden bon ton i wielki świat, tylko takie same ury w gajerach jak my. Jeśli Monika za bardzo z takim pocisnęła, to mogło się to dla niej skończyć nieprzyjemnie. Dlatego my staliśmy za nią także w charakterze straszaków: podniesiesz na nią łapę, to my ci tę łapę upierdolimy. Tak wtedy wyglądały początki kapitalizmu nad Wisłą.

Ale najczęściej spotykałem ją w sekretariacie P. Grzeczna, wesoła, zawsze zaproponowała kawkę, herbatkę, zabawiła rozmową o wszystkim i o niczym. Miło się jej słuchało. Ale coś mi w tym wszystkim zgrzytało. Była kompletnie niepodobna do mojej żony

Elki. Podczas gdy Monika podawała się jak na tacy, Elka była zamknięta w sobie, wycofana, tajemnicza... No, taka typowa bohaterka starych amerykańskich filmów, której myśli i intencji nigdy nie odgadniesz. Wydaje ci się, że wiesz, czego chce, a tu dupa blada – ona chce czegoś zupełnie innego. Ale mnie taki charakter Elki bardzo pasował, bo stanowiła dla mnie ciągłą zagadkę i wyzwanie. Monika zaś była dla mnie fajnym kumplem. I tyle.

A.G.: A kiedy zaczął się zmieniać twój stosunek do tego „kumpla"?

J.S.: Jeszcze wtedy, kiedy pracowała jako sekretarka P. Po pewnym czasie, gdy już stała się oficjalną partnerką Słowika, mogła sobie odpuścić tę robotę, ale z jakichś powodów trzymała się posady. Uważam, że zaczęła się wcielać w rolę szpiega. W tym czasie ja, Kiełbacha i Jacek D. „Dreszcz" zaczęliśmy kręcić własne lody i trochę nam było nie po drodze z całą resztą. Owszem, Słowik czy Kaban cały czas byli naszymi kolegami, ale to przecież nie znaczyło, że musimy ich przygarniać do każdego tematu. Nie w każdym biznesie jest miejsce dla wszystkich, to przecież oczywiste. A Monika szybko wyczuła, że coś jest grane, i chciała się zorientować, na czym to coś polega. I pewnie każdym spostrzeżeniem dzieliła się z Andrzejem. Dlatego my przestaliśmy przy niej rozmawiać o interesach. Kiedy siedzieliśmy we trzech – ja, Kiełbasa i P. – i gadaliśmy o naszych sprawach, a ona wchodziła z kawą, natychmiast było „ciach bajera, morda na szerokość żylety". Czyli mówiąc inaczej – morda w kubeł. I zmienialiśmy temat. Bo nie chcieliśmy, żeby znała nasze plany. Oczywiście, ja nie traktowałem tego w kategoriach jakiegoś konfliktu pomiędzy nami i resztą pruszkowskiej góry. Po prostu człowiek czasem chce przytulić większy hajs i z nikim się nie dzielić. Szczególnie z tymi, którzy mu w tym nie pomogli.

Co nie zmienia faktu, że wszyscy razem jeździliśmy po Polsce, urządzając sobie nieustające wakacje. Razem z nami jeździła Monika i grała swoją rolę: królowej życia. Powtarzam – życia, a nie mafii.

ROZDZIAŁ 4

Policja: „Lepsza od swojego męża"

Gdy pod blokiem na warszawskim Ursynowie, w którym mieszkała Monika Banasiak, pojawiła się policja, powoli świtało.

Antyterroryści, którzy dostają zadanie zatrzymania groźnego przestępcy, przeważnie szturmują wczesnym rankiem, gdy jest największa szansa, że zaskoczony podejrzany nie będzie stawiać oporu. Po żonę Słowika przyjechali 13 czerwca 2013 roku. Zapowiadał się piękny słoneczny dzień. Ponieważ kierujący akcją zdawali sobie sprawę, że mają zatrzymać kobietę, odstąpili od użycia materiałów pirotechnicznych i wyważania drzwi. Załomotali w nie tylko, krzycząc: „Policja! Otwierać!".

Zapewne gdyby z drugiej strony nie było żadnej reakcji, sąsiedzi przeżyliby chwile grozy...

Monika spełniła jednak polecenie i w mieszkaniu zaroiło się od uzbrojonych antyterrorystów i funkcjonariuszy po cywilnemu. Kobieta nie była sama – towarzyszył jej znajomy, któremu pozwoliła przenocować. Policja szybko się zorientowała, że użycie siły nie będzie konieczne, więc „kominiarze" wycofali się szybko. Pozostali wyłącznie funkcjonariusze operacyjni, którzy odnosili się do zatrzymanej z szacunkiem i – o ile było to w takiej chwili możliwe – taktownie. Wkrótce potem była żona Słowika została zawieziona „na dołek", do komisariatu na Umińskiego, a stamtąd do prokuratury apelacyjnej, gdzie przesłuchano ją po raz pierwszy. I tak jak miało być – nastąpiła pierwsza trzymiesięczna sankcja i areszt na Chłopickiego.

Gdy czytano jej zarzuty, milczała.

Nie rozumiała, o co chodzi. Dlaczego? Przez kogo?

Jej świat zawalił się po raz kolejny i wydawało się, że tym razem na dobre. A jednak w tej trudnej chwili zdobyła się na optymizm – jak dobrze, że mój syn nie musiał oglądać upokarzającej sceny wyprowadzenia matki w kajdankach do policyjnej furgonetki!

Był akurat u swojej chrzestnej.

Nawiasem mówiąc, tak się złożyło, że syn nigdy nie widział zatrzymania rodziców, choć okazja nadarzała się wielokrotnie...

* * *

Zatrzymanie byłej żony Słowika stało się w Polsce wydarzeniem medialnym numer jeden; zarzuty kierowane przez prokuraturę robiły na ludziach piorunujące wrażenie. Monika Banasiak stała się nagle kimś porównywalnym ze swoim mężem czy innymi tuzami polskiej mafii – szefową groźnej przestępczej struktury, potrafiącą owinąć sobie wokół palca bezwzględnych bandytów, zaprawionych w bojach w latach 90.

Portal TVN24 cytował prokuratora Waldemara Tyla, wiceszefa Prokuratury Apelacyjnej w Warszawie, który tak uzasadniał akcję na Ursynowie: „Potwierdzam zatrzymanie Moniki Z. (bardziej

Fot. Adam Tuchliński/Reporter

wówczas znanej pod panieńskim nazwiskiem – przyp. A.G.). W piątek sąd aresztował ją na trzy miesiące (...). Monika Z., znana także jako »Słowikowa« lub »Moni«, usłyszała (...) w sumie dziewięć zarzutów. Jej gang miał się zajmować handlem narkotykami. Żona »Słowika« jest też podejrzana o załatwianie fałszywych zaświadczeń lekarskich dla przestępców, którzy odpowiadali przed sądem.

Grupa »Słowikowej«, vel »Moni«, działała od 2001 do 2007 r. (w rzeczywistości zarzuty dotyczyły okresu 2001–2005 – przyp. A.G.). – wynika z treści prokuratorskich zarzutów. Wtedy jej mąż od dawna siedział w areszcie. Zdaniem śledczych, kobieta przejęła kontakty od »Słowika« i dalej prowadziła jego »interesy«. Jest lepsza od swojego męża – powiedział TVN24.pl wysoki oficer Centralnego Biura Śledczego, które rozpracowywało Monikę Z.”.

* * *

Artur Górski: Dlaczego w ogóle trafiłaś do aresztu? Spędziłaś w nim tyle czasu, jakby stawiane ci zarzuty były rzeczywiście bardzo mocne. Jakbyś faktycznie stanowiła zagrożenie dla społecznego bezpieczeństwa.

Monika Banasiak: Czemu tam trafiłam? Dobre pytanie. Gdybym powiedziała, że przez przypadek, zabrzmiałoby to wręcz naiwnie, a na pewno mało wiarygodnie. W moim wieku tak się nie odpowiada, tym bardziej że przypadki nie istnieją – są tylko bardziej bądź mniej logiczne, bardziej bądź mniej fortunne ciągi zdarzeń. Może więc powiem tak: trafiłam za kratki za sprawą wielkiego zawirowania w moim życiu i dlatego, że zakochałam się w człowieku, w którym być może nie powinnam była się zakochać.

A.G.: Masz oczywiście na myśli Andrzeja Z.?

M.B.: Tak.

A.G.: No ale, o ile wiem, nie zamknięto cię za to, że byłaś związana z gangsterem, tylko za twoją działalność już po jego aresztowaniu. Przynajmniej tak to przedstawiały media. Jakie były zarzuty?

M.B.: Bardzo poważne, na czele z zarzutem kierowania grupą przestępczą o charakterze zbrojnym. Jak to się mówi w środowisku przestępczym – zostałam zatrzymana za „kierownicę". W ramach tej grupy miałam też dokonywać pomniejszych przestępstw, takich jak pośrednictwo w załatwianiu lewych zwolnień lekarskich czy w handlu narkotykami, konkretnie kokainą. Tę działalność miałam prowadzić w latach 2001–2005, a więc już po rozbiciu grupy pruszkowskiej.

Zarzutów było sporo. A wszystkie postawiono mi na podstawie pomówień jednego człowieka: Romana O., pseudonim Sproket.

A.G.: Do Sproketa jeszcze wrócimy. Ale teraz chciałbym zapytać, kiedy usłyszałaś te zarzuty.

M.B.: Po aresztowaniu, a więc w 2013 roku. Dwanaście lat po rzekomym rozpoczęciu mojej kariery bossa grupy zorganizowanej! Naprawdę aż tyle czasu potrzebowali śledczy, żeby zorientować się, z jak niebezpieczną osobą mają do czynienia? Nie wiem, jak to interpretować, czy ty mi w tym pomożesz, ale zastanawiam się, dlaczego zostałam zamknięta półtora miesiąca przed wyjściem z więzienia mojego byłego męża, 13 czerwca (i to w piątek) 2013 roku. Andrzej odzyskał wolność 4 sierpnia.

A.G.: Słyszałem plotkę, że to było dla twojego dobra. Żeby cię ochronić przed zemstą Słowika.

M.B.: Patrz, jak można pięknie odwrócić kota ogonem! Poszłam na ponad dwa lata za kratki, żeby tylko Andrzej nie zrobił mi jakiejś krzywdy? Oczywiście, to jest nonsens. Jaki był powód, nie wiem, ale podejrzewam, że stałam się częścią jakiejś gry.

A.G.: Czy świadek koronny Roman O. w swoich zeznaniach odnosił się też do czasów, gdy jeszcze istniała grupa pruszkowska, czy skoncentrował się na okresie już po jej rozbiciu?

M.B.: Odnosił się wyłącznie do tego, co miało miejsce po 2000 roku. Zeznał, że popełniał przestępstwa razem ze mną.

A.G.: Oraz że popełniał je razem z Masą...

M.B.: Dokładnie. Rzekomo miał wielu wspólników, ale prawda jest taka, że popełniał je sam i na swój własny rachunek. Znam dobrze tego człowieka i wiem, że jest wyjątkowo skłonny do konfabulacji, szczególnie gdy może coś na tym ugrać. Pomijam już, że jest to niebezpieczny sadysta, bo to inna sprawa. Ponadto psychopata z zaburzeniami osobowości, niestety, bardzo inteligentny. Właśnie ta inteligencja pozwoliła mu manipulować faktami i składać je w logiczną całość, w co uwierzyła prokuratura. Sproket, przebywając w zakładzie karnym, był leczony psychiatrycznie, na co jest dokumentacja medyczna.

A.G.: Czemu w ogóle się z nim związałaś?

M.B.: Na pierwszy rzut oka Sproket robi bardzo dobre wrażenie: przystojny, szarmancki, elegancko ubrany, inteligentny. W życiu byś nie pomyślał, że to chłopak z miasta. Bądź co bądź pochodzi z dobrego domu – ojciec mecenas, matka o arystokratycznych korzeniach.

Fot. Witold Rozbicki/Reporter

Ale już drugi rzut oka zaczyna prowokować do rozmaitych wątpliwości. A potem jest tylko gorzej. Pogoniłam go, kiedy się dowiedziałam, że jeździ po mieście i straszy ludzi, powołując się na mnie. Zbierał rzekomo pieniądze dla uwięzionego Andrzeja. Jasne, jasne... Tak czy inaczej, popełniał przestępstwa, zasłaniając się raz mną, a raz Masą.

A.G.: A tak naprawdę jaka była jego rola u twojego boku?

M.B.: Pracował dla mnie, to fakt. Był facetem od wszystkiego, ale przede wszystkim moim kierowcą – woził mnie między innymi na spotkania z Andrzejem czy z dzieckiem na wakacje. Byłam bardzo samotna i doceniałam jego pomoc.

A.G.: Znałaś go jeszcze z czasów grupy pruszkowskiej?

M.B.: Nie. Wtedy go w ogóle nie kojarzyłam.

A.G.: A on ciebie?

M.B.: Oczywiście, że tak, ale mnie na mieście znali wszyscy. Ostatecznie byłam żoną legendy kryminalnego podziemia. Sproketa poznałam dopiero w 2001 roku.

A.G.: Przy jakiej okazji? Przypadek?

M.B.: Jak najbardziej. Jako że w tamtym czasie jeździłam mercedesem, często bywałam w salonie tej marki w Aninie. I podczas jednej z wizyt – pamiętam, że to było lato – podszedł do mnie Sproket i zagadał. Oczywiście nie przedstawił się: „Jestem Roman O. »Sproket«, prawa ręka Masy", tylko jakoś bardziej konwencjonalnie. Był zainteresowany zakupem samochodu i dlatego się tam znalazł. A po raz drugi spotkaliśmy się w serwisie Mercedesa na Ursynowie i przywitaliśmy się jak starzy znajomi.

Tak to się zaczęło. Dopiero po jakimś czasie zaczęło do mnie docierać, że to gangster.

A.G.: Jaki to jest człowiek?

M.B.: Niebezpieczny. Zarówno jako gangster, jak i jako świadek, który ma zamiar wmanipulować kogoś w zarzuty. Jest bardzo inteligentny, więc umie doskonale wiązać ze sobą fakty i przedstawiać je jako logiczną całość. Posługuje się konkretnym językiem, swoją wersję przedstawia w sposób niezwykle wiarygodny. Nawet doświadczeni śledczy dają się nabrać na jego manipulacje. On po prostu wie, co jego rozmówca chce usłyszeć, i podaje mu to jak na tacy. Został świadkiem koronnym, choć w moim przekonaniu nie powinien był nim zostać, a to najlepszy dowód na jego skuteczność. Na szczęście jest też wielkim zagrożeniem dla siebie samego – gdyby było inaczej, nie straciłby korony. Ale on przestał zeznawać, tak jak od niego oczekiwano, przestał się pojawiać na przesłuchaniach, co jest jego obowiązkiem. No i w końcu wymiar sprawiedliwości stracił do niego cierpliwość. Czy uwierzysz, że nawet w mojej sprawie Sproket zeznał przed sądem dopiero po dwóch latach mojej odsiadki? Wcześniej po prostu się migał i unikał przesłuchań. Zostałam aresztowana na podstawie jego pomówień, a on przez dwa lata nie raczył stawić się przed sądem! Nawet kiedy został aresztowany, a było to bodaj w 2006 roku, nie podzielił się swoją wiedzą na temat tej potwornej Słowikowej!

A.G.: Tu otwiera się pole do spekulacji. Może chciał cię kryć, a może…

M.B.: A może jeszcze wtedy nie miał takiej wiedzy? Może ktoś mu podpowiedział, co i na kogo ma zeznawać? Przecież gdyby to wówczas zrobił, być może dostałby mniejszy wyrok. Dla mnie sytuacja jest jasna – nie popełniał żadnych przestępstw na moje polecenie, więc nie miał o czym mówić. Jednak z biegiem czasu oczerniająca mnie wersja zaczęła być w niektórych kręgach popularna. Gdy w październiku 2012 roku, a więc dziewięć miesięcy przed moim aresztowaniem, Sproket został świadkiem koronnym, nagle okazało się, że dysponuje porażającą wiedzą o różnych ludziach.

Odpowiedz mi na następujące pytanie: skoro byłam tak groźnym przestępcą, to dlaczego nie siedziałam na ławie oskarżonych z całą grupą pruszkowską?

A.G.: Już o tym mówiliśmy – bo rozwinęłaś skrzydła po rozbiciu Pruszkowa. Wcześniej byłaś jedynie kochającą żoną jednego z bossów, ale do gangsterki się nie mieszałaś. Dopiero potem stworzyłaś własną grupę.

M.B.: Doskonale. Wobec tego zastanówmy się nad tym, czym jest grupa przestępcza. Bo nie mówimy o kółku różańcowym czy nieformalnej grupie wsparcia towarzyskiego, ale o określonej zhierarchizowanej strukturze. Zatem musi być w niej przywódca i kierownictwo. Muszą być żołnierze o określonych zadaniach oraz ich przełożeni, raportujący do szefostwa. Grupa przestępcza to taka mała armia, prawda? Tymczasem w tej „mojej" wszystko wyglądało zupełnie inaczej – okazało się, że byłam w niej ja, Sproket i jeszcze jedna osoba. Nawet nie dorównywaliśmy gangowi Olsena! Trudno ją nawet określić mianem szajki. Owszem, Sproket wymienił jeszcze kilkunastu innych członków tej rzekomej grupy, rozpisał cały schemat ich zadań, ale żaden z nich nie miał postawionego zarzutu. Czyli prokuratura uznała, że nie wchodzili w jej skład. A z tego wniosek, że jej po prostu nie było.

A.G.: Rozmawiałem z wieloma osobami, doskonale zorientowanymi w przestępczych realiach początków dwudziestego pierwszego wieku, od policjantów po byłych gangsterów. Wielu z nich twierdziło jednoznacznie – po rozbiciu Pruszkowa monopol na gangsterkę w Warszawie przejęły trzy bardzo silne grupy: Ożarów, Mokotów i Mutanci. Gdyby u ich boku wyrosła jakaś konkurencja, na przykład grupa Słowikowej, to zostałaby szybko i brutalnie zaorana. To potwierdzałoby twoje słowa. Wracając jednak do zarzutów wobec ciebie i twojej bandy... Z doniesień medialnych można było wnioskować, że chodzi o grupę, w której byli i Sproket, i twój późniejszy partner Wladislaw S., pseudonim Wadim.

M.B.: Nie. To już zupełne pomieszanie z poplątaniem. Kiedy zakończyłam swoją znajomość ze Sproketem, Wadima jeszcze w moim życiu nie było. On pojawił się dopiero po jakimś czasie, gdy już Sproket trafił za kratki. Ale pamiętaj, że Wadim nigdy nie miał zarzutu udziału w mojej rzekomej grupie przestępczej, więc nie można go pakować do tego samego worka, co Romana O.

A.G.: Ale jakieś tam zarzuty jednak ma?

M.B.: Oboje mamy zarzuty za to, co wydarzyło się w Radzyniu Podlaskim. Media szeroko o tym pisały, nie zawsze zgodnie z prawdą. Coś, co nie było żadnym przestępstwem, rozdmuchano do rozmiarów zbrodni przeciwko ludzkości!

A.G.: Przypomnijmy, o co chodziło.

M.B.: W Radzyniu był pewien biznesmen, który potrzebował finansowego wsparcia na rozwój jakiegoś interesu. Konkretnie chodziło o tartak. Wadim, jako współudziałowiec, pożyczył mu te pieniądze, oczywiście w obecności notariusza, a więc lege artis.

Fot. Albert Zawada/Agencja Gazeta

Kiedy po określonym czasie, a dokładnie po roku, biznesmen odmówił zwrotu sumy, Wadim pojechał do niego na rozmowę. To był rok 2008.

Tylko błagam, nie wyobrażaj sobie jakiegoś filmu o rosyjskiej mafii! Nie było żadnych kaukaskich zbirów, nie było popisywania się bronią palną i nikt nikogo nie ciągnął na linie za samochodem. Była po prostu spokojna rozmowa, przy udziale kierownictwa firmy, na temat zwrotu pieniędzy.

Niestety, facet był zaprawiony w nieuczciwych bojach, bo w przeszłości wielokrotnie miał stawiane zarzuty z tytułu rozmaitych wyłudzeń. Co więcej, dostał status świadka koronnego, co prawdopodobnie dało mu poczucie bezkarności. Zresztą Wadim pojechał do Radzynia na prośbę pracowników jego firmy, bo łatwo sobie wyobrazić, że biznesmen był równie nieuczciwy wobec nich. Sam przyznał się do następującego procederu: wystawiał swoim pracownikom lewe papiery dotyczące warunków ich zatrudnienia, a oni szli z tymi kwitami do banków i brali kredyty. Oczywiście zdobyte w ten sposób pieniądze oddawali szefowi. A on dzięki temu zyskiwał płynność finansową.

Dzień po spotkaniu z Wadimem biznesmen pojechał na policję i zeznał, że ten groził mu śmiercią. Wpleciony w zeznania wątek pruszkowski, bo w tym czasie byłam partnerką życiową Wadima, sprawił, że te rewelacje potraktowano bardzo poważnie. Ba, pojawiła się wersja, że były to pieniądze Pruszkowa!

Oczywiście Sproket nie omieszkał wykorzystać kolejnej sytuacji do pognębienia mnie i zeznał, że moja współpraca z Wadimem była kontynuacją grupy, w której uczestniczył. Czyli pionki się zmieniały, a Słowikowa konsekwentnie rozwijała swoją korporację zbrodni!

A.G.: Wobec tego jaki zarzut ma Wadim?

M.B.: Zarzut zmuszania do niekorzystnego rozporządzenia mieniem, jak ładnie określono próbę odzyskania swoich własnych pieniędzy. W efekcie donosu do CBŚ Wadim trafił do aresztu na dwa lata. A mnie, po złożeniu wyjaśnień, wypuszczono.

A.G.: Powróćmy na chwilę do ciekawego wątku rzekomych pruszkowskich pieniędzy...

M.B.: To jest nonsens! Skąd ja niby miałam mieć pruszkowskie pieniądze? Przecież ja nigdy nie miałam do nich dostępu, nie byłam w żadnym kierowniczym gremium mafii. Zresztą mówimy o 2008 roku, a więc wiele lat po rozbiciu Pruszkowa i uwięzieniu mojego męża. Wtedy już nie było nawet śladu po tamtych fortunach.

A.G.: Jasne. A z czego wobec tego żyłaś? Gdzie pracowałaś?

M.B.: Miałam bardzo dobrą pracę w jednym z międzynarodowych banków, byłam ekspertem do spraw kredytów i ubezpieczeń. Nie w centrali, ale w jednym z oddziałów.

A.G.: Ktoś powie, że to zaskakujący paradoks – żona Słowika jako urzędnik bankowy!

M.B.: Przecież byłam osobą niekaraną, a zatem nie było podstaw, żeby w jakikolwiek sposób dyskredytować moją kandydaturę na to stanowisko. Dodatkowo zdałam egzamin, i to z wynikiem bardzo dobrym, przed Komisją Nadzoru Bankowego, więc spełniłam wszystkie wymogi stawiane kandydatom. Moja praca znajdowała się o kilka kroków od domu. Od tego samego, z którego zostałam wyciągnięta przez policję w czerwcu 2013 roku.

A.G.: Powróćmy zatem do czerwca 2013 roku. Myślisz, że wyjaśnienia, które złożyłaś, pomogły prokuraturze potwierdzić wersję o twojej kierowniczej roli w grupie przestępczej?

M.B.: W żadnym wypadku. Mówiłam wyłącznie o sobie w kontekście zarzutów. O innych się nie wypowiadałam, bo nie miałam żadnej wiedzy na temat ich działalności przestępczej. Do żadnego z postawionych mi zarzutów się nie przyznałam, co spowodowało, że zatrzymane ze mną osoby szybko opuściły areszt. Ja w nim zostałam na dłużej.

A.G.: Początkowo miałaś spędzić w areszcie trzy miesiące. Okazało się jednak, że były to znacznie dłuższe wakacje od życia.

M.B.: Owszem. Ciągle mi przedłużano areszt, a ja nie miałam pojęcia, o co chodzi. A przecież powinnam była zostać zwolniona już po złożeniu wyjaśnień przeze mnie i przez świadków.

ROZDZIAŁ 5

Role w mafijnej rodzinie

Jarosław Sokołowski „Masa": W pewnym momencie Monika poczuła się pełnoprawnym członkiem mafijnej rodziny. Wprawdzie nie miała nic wspólnego z gangsterką, ale nabierała pewnych cech, które były typowe dla pruszkowskiego świecznika. A przyswojenie sobie pewnej mentalności to już duży krok w złą stronę.

Artur Górski: Jakie cechy masz na myśli?

J.S.: Ja to określam mianem wredoty, inni powiedzieliby: dwulicowość. Tacy byli starzy – z jednej strony poklepywali cię po plecach i zapewniali o dobrych intencjach, a tak naprawdę tylko kombinowali, jak ci wpierdolić kosę w plecy. Zapewniali, że jesteś ich kolegą, a szukali cyngla, żeby cię odpalić.

A.G.: Ale chyba Monika nie miała takich możliwości, żeby wysłać na kogoś cyngla? Nawet jeśli miałaby na to ochotę.

J.S.: Miała czy nie miała, to już zupełnie inna sprawa. Chodzi mi o to, że nauczyła się pewnych zachowań i korzystała z tej umiejętności. Podam ci przykład z czasów, gdy już byłem świadkiem koronnym, a Słowik siedział za kratkami. Otóż dowiedziałem się od policji, że dwóch pruszkowskich gangsterów: Presley i Lisek, zadzwoniło do Moniki z propozycją, że mnie wystawią.

A.G.: Na strzał?

J.S.: No przecież nie na głaskanie po pupie! Zaproponowali, że wywabią mnie w jakieś odludne miejsce, a tam ktoś mnie odjebie. Akurat oni wiedzieli, gdzie mnie szukać; wiedzieli, gdzie chodzę na siłownię, więc ich plan mógł się powieść. Monika od razu poleciała do Słowika i zapytała go, co ma przekazać Presleyowi i Liskowi. I to nie jest żaden mój wymysł, to wszystko znajduje się w materiałach operacyjnych. Podobno Andrzej początkowo okazał wielkoduszność i powiedział, żeby dać mi spokój. Ale potem zaczął kombinować jak koń pod górę i wyszło mu, że jednak nie byłoby źle, gdybym poszedł do piachu. I skontaktował się z Moniką, żeby przekazała Presleyowi i Liskowi jego wolę.

Gdy dowiedziałem się o tym od policji, natychmiast zadzwoniłem do Moniki i ostro z nią pocisnąłem. Wykrzyczałem do słuchawki cały mój repertuar obelg, gdzie „dziwka" i „rura" były najłagodniejszym wymiarem kary. Zaproponowałem, że jeśli ma do mnie jakiś interes, to ja mogę zaraz do niej i jej kolegów podjechać. I zobaczymy, kto się będzie śmiał ostatni!

A ona, zupełnie jakby pobierała lekcje u starych, zaczęła mnie przekonywać, że się mylę. Że ani jej, ani Andrzejowi nawet nie przyszło do głowy, żeby zrobić mi jakąś krzywdę. A to, że różni składają różne propozycje, to już ich sprawa. Zapewniła mnie

Fot. Karol Piechocki/Reporter

uroczystym tonem: „Jaruś, Andrzej dobrze ci życzy i nawet modli się za ciebie, żebyś był zdrowy i długo żył".

Po tej rozmowie chciało mi się śmiać, bo jej reakcja była trochę komediowa, choć z drugiej strony Monika nie miała wyjścia. Musiała przyaktorzyć, żeby odsunąć od siebie podejrzenie o udział w spisku na moje życie.

A.G.: Uważasz, że zagrożenie było realne?

J.S.: Jak najbardziej. I nie jest to wyłącznie moje zdanie, ale także policji, która uznała, że przy tej okazji można by jeszcze coś ugrać. Zaproponowano mi udział w ryzykownej operacji – żebym pomógł zwabić cyngli w zasadzkę. No ale musiałbym odegrać rolę wabika, czyli znaleźć się w tej zasadzce i liczyć na to, że policja będzie szybsza i skuteczniejsza od gangsterów. To były inne czasy i inna policja, gorzej wyszkolona i gorzej wyposażona niż teraz. Odmówiłem, bo bałem się, że nie będzie w stanie zapewnić mi bezpieczeństwa. I to nie były bezpodstawne obawy. Nieco wcześniej trzy razy wystawiałem policjantom Karola S., wołomińskiego gangstera odpowiedzialnego za egzekucję w restauracji Gama w 1999 roku, i trzy razy spierdolili podejście. A nie wystawiałem go przecież w Borach Tucholskich, tylko w warszawskiej galerii handlowej Panorama! I tak go nie zawinęli!

Skoro można zawalić w tak prostej sprawie, to miałem podstawy sądzić, że zasadzka zakończy się dla mnie pośmiertnym medalem „Za Ofiarność i Odwagę", a oni zostaną kawalerami Orderu Uśmiechu.

A.G.: Chcę wierzyć w to, że Monika, która zawsze zapewniała, że nie miała nic wspólnego z próbami zlikwidowania ciebie, mówi prawdę. Do tego wątku jeszcze powrócimy i mam nadzieję, że również ona się do niego odniesie. Ale teraz chciałbym, abyś opowiedział mi, jak postrzegałeś Monikę i Andrzeja w czasie, gdy już oficjalnie byli razem. Często spędzałeś czas w ich towarzystwie? Czy ich związek przypominał małżeństwa bossów i git-falban?

J.S.: I tak, i nie. Zresztą wnioski pozostawiam tobie. Oczywiście, najlepszą możliwość obserwowania ich dawały mi wspólne wypady, głównie zagraniczne. Jak choćby ten do Turcji, z którego film wideo stał się najważniejszą atrakcją serialu *Alfabet mafii*. Oczywiście pamiętasz Słowika, który robi znak krzyża, kreując przy okazji jeden z symboli polskiej mafii? To było właśnie tam.

To, co się rzucało w oczy, to absolutne i bezgraniczne oddanie Moniki swojemu facetowi. Być może określenie „psia wierność" nie jest zbyt eleganckie, ale dobrze oddaje prawdę o nich – on był pieprzonym maharadżą, a ona jego poddaną. Zupełnie jakbyśmy się przenieśli do jakiegoś kalifatu, i to setki lat wstecz. Monice brakowało tylko burki na głowie, poza tym była wręcz modelową żoną z Bliskiego Wschodu. Ciągle biegała za nim, bo on, oczywiście, szedł przodem. Wyglądało to cokolwiek komicznie. W każdym razie tak było w sytuacjach prywatnych.

Dopiero kiedy trzeba było coś załatwić i Monika występowała u jego boku jako osoba równoprawna, on łaskawie podawał jej ramię.

A.G.: Czyli na co dzień nie okazywał jej szacunku?

J.S.: Okazywać szacunek i szanować to niekoniecznie jedno i to samo. Zwłaszcza jeśli jesteś gangsterem, przebywasz w określonym środowisku, czyli wśród samców alfa, i musisz przybierać różne pozy. W jakimś sensie Andrzej na pewno ją szanował, ale na zasadzie własności: „To jest moje, kurwa, nie ruszać!". Ale gdyby przestał być jej panem i władcą, skończyłby się szacunek. Co zresztą się stało, kiedy Monika w końcu związała się z kimś innym.

Słowik był inteligentnym gościem, a ona ciągle dorzucała do pieca, wciąż szczebiocąc: „Andrzejku, ty musisz to, Andrzejku, ty musisz tamto". On zdawał sobie sprawę, że chłopaki zaczynają mieć z niego bekę. Bo tylko brakowało, żeby mu wycierała nosek podczas zawijania tira czy na jakiejś innej mokrej robocie! Znosił to mężnie, choć czasem widać było, że ma ochotę ją opierdolić.

Fot. Bartosz Krupa/ East News

Przeważnie umiał się opanować. Zdarzało się jednak, że kiedy odchodziła gdzieś na bok, zwierzał się kumplom, że ma już tego dość. I czasem rzucił pod jej adresem mięsem. W jego przekonaniu to było cool – nazwał ją czule „debilką", ona tego nie słyszała, chłopaki się pośmiały i było miło. Zresztą wszyscy obgadywali swoje kobiety, należało to do dobrego tonu.

Oczywiście nie zmienia to faktu, że Monika pewnie widziała ich związek jako jedno piękne *love story*.

A.G.: Do dziś pokutuje opinia, że Monika przejęła po mężu grupę przestępczą. Znaczyłoby to, że musiała się przy nim sporo nauczyć, także w tym temacie.

J.S.: To nieprawda. Monika nie była żadnym mafijnym bossem i choćby nie wiem jak długo o tym trąbiły media, nie stanie się to prawdą. Według mojej wiedzy Monika przejęła jego interesy, bo ktoś przecież musiał je prowadzić, ale od tego jeszcze daleka droga do przywództwa w grupie przestępczej. On, kiedy jeszcze się ukrywał, robił różne biznesy i ludzie wozili mu hajs. A że nie mogli przekazać mu go bezpośrednio, trafiali do Moniki. Na marginesie – mówiło się, że on cały czas był na wystawce w Hiszpanii, a tymczasem można go było spotkać również w Polsce. I nie tylko tutaj; krążył po Europie, bo przecież już granice były otwarte. Nie potrzebował paszportu. A nawet gdyby musiał go zdobyć, to grupa pruszkowska miała takie wtyki w wydziałach paszportowych, że bez problemu dostałby dziesięć egzemplarzy. I to nie żadnych podróbek, ale oryginałów! Oczywiście z lewymi danymi. Mieliśmy łatwiejszy dostęp do paszportów niż policja. W końcu kiedy go zhaltowano w Hiszpanii, Monika musiała nabrać samodzielności, ale to on cały czas nią sterował. Wiem, że miał pod celą telefon, więc zarządzanie było stosunkowo proste. Natomiast gdyby chciała rozwinąć skrzydła i stać się kimś znaczącym na mieście... Na to już było za późno. Mit Pruszkowa stracił na renomie, a niedobitki grupy starały się raczej nie wchodzić w drogę dwóm nowym potęgom: Mokotowowi i Ożarowowi. Pamiętaj, że z Ożarowa pochodził Pershing, a chłopcy z tego miasta doskonale pamiętali, że to pruszkowscy starzy kazali go sprzątnąć.

W pewnym momencie Monika zwąchała się z Romanem O. „Sproketem", moim dawnym ochroniarzem, i można było odnieść wrażenie, że razem mogą sporo ugrać. Tym bardziej że Sproket kręcił się przy różnych wpływowych gangsterach, między innymi przy Grafie. Z tego, co wiem od niego samego, w tej grupie było kilkanaście osób. Ale o szczegółach niech opowie Monika. Ja już wtedy byłem świadkiem koronnym, więc nie mam zbyt dużej wiedzy o tej strukturze.

A.G.: Pozwolisz, że przytoczę artykuł dziennikarza Rafała Pasztelańskiego, opublikowany na portalu TVPInfo tuż po zatrzymaniu Moniki Banasiak w 2013 roku. Oto fragment:

„Według zeznań świadka koronnego (Romana O. „Sproketa” – przyp. A.G.), Monika B., ps. Słowikowa vel Monia, kierowała grupą przestępczą jak rasowy mafioso. Aby zminimalizować ryzyko wpadki, narkotyki sprzedawane były tylko zaufanym osobom. Miała bardzo poważne plany, jak rozwinąć działalność przestępczą gangu: fałszowanie pieniędzy, wyłudzanie pieniędzy przy pomocy osób znajdujących się rzekomo na liście do porwania, przemyt haszyszu i heroiny z Hiszpanii, podporządkowanie sobie stołecznych lichwiarzy czy organizowanie fikcyjnych nalotów przez urzędników skarbówki i rekwirowanie towaru, po czym oferowanie odzyskania go za solidną prowizję. To miało być prężnie działające przedsiębiorstwo przestępcze – opowiada śledczy, rozpracowujący grupę Moniki B.

Byłą żonę »Słowika« (rozwiedli się ok. trzech lat temu, rzekomo po informacjach, że Monika B. miała burzliwy romans z Wladislawem S. ps. Wadim) obciążają przede wszystkim zeznania Romana O. ps. Sproket. Ten pruszkowski gangster, związany także z grupą Janusza G. ps. Graf twierdzi, że poznał »Monię« w drugiej połowie 2001 r. Szybko przyłączył się do jej grupy. Tak ją opisywał: – Miała niekwestionowaną pozycję przywódcy. Konkretna. Otwarta na nowe kierunki działań”.

Ile ten fragment ma wspólnego z prawdą?

Fot. Bartosz Krupa/ East News

J.S.: Nie chcę tego komentować, niemniej jednak wiarygodność Sproketa, któremu został odebrany status świadka koronnego i który bezskutecznie próbował pomawiać również mnie, jest bliska zeru. Gdyby pojawiła się większa liczba wiarygodnych świadków, można by traktować te rewelacje z jakąś tam powagą. Ale mam wątpliwości co do sytuacji, w której Roman próbuje komuś dorobić mafijną gębę. Bo co innego fascynacja światem przestępczym, a co innego bycie bossem. Nie mam wątpliwości, że dziewczyna zachłysnęła się światem łatwych pieniędzy i twardych facetów, przed którymi wszyscy drżą, ale niekoniecznie do niego należała.

A.G.: Jesteś pewien, że miała pełną wiedzę, jakie grzechy miał na sumieniu jej mąż? Może żyła w takiej samej niepełnej świadomości jak twoja Ela?

J.S.: Widzisz, ja Eli nie dopuszczałem do rozmów o sprawach grupy. Natomiast Monika ciągle była przy Andrzeju i większość akcji, w które miał być zaangażowany, planowano przy niej. Rzadko kiedy Słowik prosił, aby poszła sprawdzić, czy jej nie ma w innym pokoju.

A.G.: Ale nie wtrącała się do dyskusji tak jak słynne git-falbany?

J.S.: Monika znała swoje miejsce w szeregu i raczej się nie odzywała. Chociaż pamiętam kilka sytuacji, w których jednak wrzucała jakiś swój kamyczek, a potem wszyscy byli jej wdzięczni, bo to było sensowne. To była bystrzacha, to trzeba jej sprawiedliwie oddać! Jestem pewien, że Andrzej opowiedział jej ze szczegółami o swoich dokonaniach z przeszłości, bo on taki był: ciągle się chwalił, wywyższał i podbijał swoje ego na rozmaite sposoby. Czy to przed kolegami, czy przed nią. Tym bardziej że jej ufał bezgranicznie. Myślę, że w tamtym czasie dałby sobie uciąć rękę i głowę, że ona mu nigdy nie pójdzie w długą.

A.G.: Czyli Moniki do git-falban nie możemy zaliczyć?

J.S.: Nie, to zupełnie inna półka. Wprawdzie Monika odgrywała rolę bezkompromisowej kobiety gangstera, ale tak naprawdę była panienką z dobrego domu i trudno jej było znaleźć wspólny język z hardymi dziewczynami z dołów, zaprawionymi w więzieniach i wspólnej biedzie, z PRL-owskimi przestępcami. Mimo wszystko była delikatna i nie używała wulgaryzmów, a git-falbany nieustannie rzucały mięsem, jedynie co jakiś czas wtrącając parlamentarne słowo. Takie zachowania Monice nie imponowały. Pamiętam, że byliśmy kiedyś na suto zakrapianej imprezie, gdzie git-falbany wiodły prym, zachowując się jak na najgorszym bazarze. W pewnym momencie podeszła do mnie Monika, wskazała na żony starych i powiedziała: „Ale to hołota". I w sumie miała rację.

A.G.: Wobec tego z kim trzymała Monika? Mam na myśli inne kobiety związane z mafią.

J.S.: Wydaje mi się, że łapała wspólny język z żoną Kiełbachy, Małgosią. Tamta też była „aspirująca", a tytuł wicemiss Polski z 1991 roku na pewno bardzo podbijał jej ego. A wiesz, co zbliżało je najbardziej? Ta sama grupa krwi.

Poza tym miała dobre relacje z partnerką biznesmena P., Agnieszką. Ostatecznie na pewnym etapie obie były jego

Fot. Jacek Waszkiewicz/Reporter

sekretarkami, więc w jakimś sensie połączyło je wspólne stanowisko pracy.

A.G.: A nie zdarzało im się rywalizować o jego – jak by to określić? – względy?

J.S.: Myślę, że Monika nigdy nie traktowała P. jak kandydata na ukochanego, tak samo jak on chyba nie zamierzał jej uwodzić. Dobrze im się razem pracowało i nic więcej. Zresztą on był uwikłany w tak wiele mniejszych i większych romansów, że jeszcze jeden pewnie by go wykończył. Naprawdę. Facet miał do dyspozycji takie towary, że wszystkie dałyby radę na konkursach piękności. Albo na wybiegach dla modelek.

A.G.: Rozumiem, że kluczem do sukcesu P. była męska atrakcyjność wsparta pękatym portfelem?

J.S.: Sądzę, że głównie chodziło o atrakcyjność pękatego portfela. P. raczej George'a Clooneya nie przypominał, a jednak wzięcie miał równie duże. W efekcie pozostawił po sobie sporo pamiątek. Oczywiście mam na myśli jego dzieci, tak ze związku legalnego, jak również z układów pozamałżeńskich. Z oficjalną żoną ma dwoje, z Agnieszką jedno i jeszcze coś by się znalazło w Częstochowie. Ta ostatnia historia jest zresztą bardzo ponura. Nie wiem, skąd wytrzasnął tę dziewczynę, w każdym razie namącił jej w głowie i oczywiście zaciągnął ją do łóżka. Z tego romansu urodziło się dziecko, ale P. wcale nie zamierzał wiązać się z jego matką. Nie da się przecież ożenić z każdą kobietą, z którą się bzykamy. Dziewczyna nalegała, apelowała do sumienia P., ale on nie mógł nic więcej dla niej zrobić. Początkowo wysyłał jej pieniądze, ale im bardziej pogarszała się jego sytuacja – facet tracił wszystko w kasynach i na kiepskich inwestycjach – tym mniej był hojny.

Pewnie nie zdawał sobie sprawy, że trafił na desperatkę. Kiedy skumała, że P. nigdy nie będzie jej mężem, oblała się czymś łatwopalnym i umarła w potwornych męczarniach. Ja o wszystkim dowiedziałem się od jej przyjaciół z Częstochowy.

P. to bardzo zły człowiek i żałuję, że karma nie wraca do takich ludzi ze zdwojoną siłą. Bo on naprawdę zasłużył na jakąś uciążliwą karę!

A.G.: Ty mogłeś być tą karmą i ukarać go podczas procesu. O ile pamiętam, raczej go wówczas oszczędziłeś.

J.S.: Na etapie zeznań przed prokuratorem powiedziałem wszystko, co trzeba. Ale musisz pamiętać, że byliśmy z P. blisko przez całą dekadę. Dziś nie zamierzam nazywać go swoim przyjacielem, ale wtedy, wraz z Kiełbasą i P., stanowiliśmy bardzo zgraną paczkę. Tego nie da się przekreślić w ciągu jednej chwili. Kiedy wszedłem na salę sądową i zobaczyłem zdruzgotanego, przegranego człowieka, który patrzy na mnie błagalnym wzrokiem jak zbity pies, zmiękłem. Pomyślałem sobie: „A chuj ci w dupę, frajerze, trochę cię oszczędzę". Gdyby mnie wówczas nie zdjęła litość, P. dostałby duży wyrok.

A.G.: Monika też pewnie co nieco wiedziała o ciemnej stronie P. Czy to nie wpływało na ich relację?

J.S.: Nie sądzę, żeby to miało wielkie znaczenie. Jeśli w końcu zmienił się jej stosunek do niego na gorsze, to przez Słowika. Otóż Andrzejowi bardzo zależało na przyjaźni P. Chciał być takim samym jego kumplem jak ja czy Wojtek K. Ale P. jakoś się do tej przyjaźni nie wyrywał, wolał starych sprawdzonych kumpli. Słowik poczuł się urażony i przy jakiejś okazji zwyzywał P. od frajerów i leszczy. Wtedy stało się jasne, że panowie już nigdy się nie zaprzyjaźnią. Dlatego nie wierzę, żeby Monika, której mąż przeżył pewien despekt ze strony P., nadal traktowała swojego byłego szefa jak fajnego eleganckiego gościa.

A.G.: Bywałeś w domu u Słowików?

J.S.: Owszem.

A.G.: Czy żyli w takim samym luksusie jak ty w swojej komorowskiej willi?

J.S.: Chyba żartujesz? Normalne mieszkanie, bez żadnych szaleństw.

A.G.: Ludzie wierzą w to, że bossowie potężnej grupy przestępczej żyją w pałacach i kąpią się w szampanie. Aż szkoda polemizować z tym wizerunkiem. No bo co to za boss, który mieszka w klitce w bloku i nawet nie ma kryształowej wanny?

J.S.: Pamiętam, że kiedy Andrzej odwiedził mnie w Komorowie, to mu gały wylazły na wierzch. Nie spodziewał się, że tak można żyć. I pewnie bardzo mi pozazdrościł.

A.G.: Czy to znaczy, że twój majątek był większy niż jego?

J.S.: Znacznie większy. Ja angażowałem się w wiele biznesów, robiłem pieniądze także w sposób legalny, a większość starych po prostu tego nie umiała. Po szczegóły odsyłam do tomu *Masa o pieniądzach polskiej mafii*.

To oczywiście nie znaczy, że Andrzej klepał biedę. On też miał hajsu jak lodu, tyle że puszczał go na bieżąco. Kiedy pił whisky, to nie mógł być to jakiś blend czy pośledniejszy single malt, ale coś z najwyższej półki. Jeśli johnnie walker, to tylko blue, czyli „błękitny", za siedem paczek. Bo innych trunków przełyk Słowika by nie zniósł. Facet szastał pieniędzmi na lewo i prawo, Monika jeździła mercedesem, miała najdroższe ubrania czy torebki. Pewnie oboje uważali, że tak wygląda dostatnie życie, i nie przejmowali się inwestycjami w przyszłość. Myślę, że dziś oboje tego żałują.

ROZDZIAŁ 6

„Wyglądało to na doskonale prosperujący biznes"

Z Moniką spotykam się w modnej hiszpańskiej restauracji, ulokowanej w niskim budynku ukrytym wśród warszawskich wieżowców. To bardzo popularne miejsce, odwiedzane zarówno przez rodowitych Hiszpanów mieszkających w stolicy, jak i przez przedstawicieli świata biznesu pracujących w pobliskich biurach. Jak twierdzi była żona Słowika, często bywali tu również pruszkowscy gangsterzy, którzy spotykali się, by przy dobrym winie rozmawiać o nowych interesach. Ale nie w latach 90., bo wówczas tego miejsca jeszcze nie było; mowa o czasach, gdy bossowie rodzimej ośmiornicy odsiedzieli wieloletnie wyroki i swoją obecnością nie wzbudzali niczyjej sensacji. Ot, starsi panowie, którzy pragną pozostać w głównym nurcie życia i planują kolejne inwestycje. Może z mniejszym rozmachem niż kilkanaście lat wcześniej, ale przecież zdarza się, że i mysz urodzi górę...

Monika chętnie tu bywała i bywa. Przez szybę tej restauracji, na krótko przed jego aresztowaniem, zobaczyła Andrzeja Z., który właśnie zamierzał wejść do środka. Ten jednak, gdy dostrzegł swoją byłą towarzyszkę życia, natychmiast odwrócił głowę i szybkim krokiem odszedł w przeciwnym kierunku.

Artur Górski: Czy zdarzało ci się bywać świadkiem podejmowania decyzji biznesowych przez pruszkowskich starych? Mam na myśli lata 90.

Monika Banasiak: Podejrzewam, że chodzi ci o to, czy byłam świadkiem planowania akcji przestępczych, tylko nie masz śmiałości zapytać wprost?

A.G.: Rzeczywiście, głównie o to. Chcę ustalić, w jakim stopniu byłaś zorientowana, w co bawi się twój mąż i jaki jest prawdziwy charakter jego pracy. Masa uważa, że skoro właściwie na krok nie odstępowałaś Słowika, musiałaś wiedzieć wszystko.

M.B.: Powiem tak: Jarek ma prawo do domniemań, ale to są tylko domniemania, a nie fakty. Zresztą często spotykam się z sugestiami, że musiałam wiedzieć o wiele więcej, niż faktycznie wiedziałam. Czasami nawet nie chce mi się tego prostować.

Faktycznie, z Andrzejem spędzałam bardzo dużo czasu, ale to chyba normalne, że zakochani nie lubią się rozstawać, choćby na chwilę. Ale to nie jest tak, że byłam przy nim zawsze. Akceptowałam, że on ma swoje sprawy i nie wszystkim się ze mną dzieli. Ja miałam swoje.

A.G.: Nie byłaś świadkiem dzielenia pieniędzy?

M.B.: Ja w ogóle nie miałam kontaktu z pieniędzmi grupy, nawet wzrokowego. Nie obchodziło mnie, ile aktualnie zarabia Andrzej i czy przypadkiem nie musiał wziąć kredytu w banku. Ważne było to, że niczego nam nie brakowało. A zapewniam cię, że nasze potrzeby nie były małe. A przynajmniej tak się wtedy wydawało. W porównaniu z tym, jak żyli przeciętni Polacy tuż po upadku PRL-u, mogliśmy uchodzić za dekadenckich utracjuszy.

A.G.: Do tego, na czym polegał luksus waszego życia, jeszcze powrócimy. Na razie jednak chcę ustalić, na ile byłaś świadoma, że Andrzej Z., jego przyjaciel Zygmunt R. i cała reszta pruszkowskiej góry zajmowali się działalnością przestępczą. Nie wydaje mi się możliwe, żebyś niczego się nie domyślała. Byliście ze sobą wiele lat. Pewnych rzeczy nie da się ukrywać w nieskończoność.

M.B.: Ale można naprawdę długo. Pamiętaj, że Andrzej był biznesmenem, i to nie malowanym, tylko rzeczywistym. Razem z Zygmuntem mieli swoją legalną firmę Old Star, a ona przynosiła zyski. Czasami bywałam w ich biurze przy Kickiego; wyglądało to na doskonale prosperujący biznes. Taki, który przynosi pieniądze nie mniejsze niż działalność w gangu.

A.G.: Czym zajmowała się ta firma?

M.B.: Import-eksport, czyli coś, na czym wyrosło wiele fortun. Potrzeby konsumpcyjne Polaków rosły z roku na rok, bo jak ktoś się dorobił, to chciał żyć jak Carringtonowie. A na rynku brakowało wielu luksusowych dóbr, takich jak samochody segmentu premium czy jachty. Firma Andrzeja służyła zaspokajaniu tych potrzeb. Importowała luksusy z Zachodu.

Fot. Grzegorz Celejewski/Agencja Gazeta

A.G.: W końcu jednak musiało do ciebie dotrzeć, że interesy twojego męża to nie tylko import i eksport?

M.B.: Owszem. I odczułam to wyjątkowo boleśnie, i w przenośni, i dosłownie. Przeżyłam zamach bombowy. Naprawdę bardzo niewiele brakowało, aby to był mój ostatni dzień. To stało się w andrzejki, czyli 29 listopada, 1996 roku.

A.G.: W mediach pojawił się tylko lakoniczny komunikat. Opowiedz o tym coś więcej.

M.B.: Powiedziałabym, że to było jak z koszmarnego snu, ale podejrzewam, że mało komu śnią się takie potworności, bo po prostu trudno ogarnąć je rozumem. Kto tego nie przeżył, nie ma pojęcia, czym jest zamach bombowy. Poza tym ja już za dobrze tego nie pamiętam, umknęło mi wiele szczegółów. Ludzki umysł potrafi wypierać z pamięci zdarzenia traumatyczne, bolesne. Taka niepamięć wsteczna.

Mieszkaliśmy wówczas z Andrzejem na Żoliborzu, przy Broniewskiego.

A.G.: A to dobre! Ja też!

M.B.: Mogłeś zatem słyszeć detonację, choć pewnie nie przyszło ci do głowy, co się dzieje.

Wracaliśmy z jakichś zakupów i zaparkowaliśmy samochód w pobliżu naszego bloku. Gdy byliśmy o kilka kroków od klatki schodowej, huknęło! Ładunek był zakopany w ziemi, więc nie mieliśmy prawa dostrzec niczego podejrzanego. Ci, którzy chcieli nas zabić, odpalili go na odległość. To było jak eksplozja gejzera, huk wręcz nieprawdopodobny! Lej po bombie był tak wielki, że można się było w nim schować. Policja, która przeprowadzała oględziny miejsca zdarzenia, stwierdziła, że zamachowcy użyli kilku kilogramów trotylu.

Tu nie chodziło o nastraszenie nas, ale o likwidację. Powiedzieć, że to cud, że przeżyliśmy, to nic nie powiedzieć.

A.G.: Wiadomo, kto zlecił ten zamach?

M.B.: Początkowo byłam w wielkim szoku, bo nie sądziłam, że ktoś nastaje na nasze życie. Brałam nawet pod uwagę pomyłkę, tym bardziej że Andrzej w ogóle nie chciał o tym rozmawiać, a moje pytania zbywał jakimiś ogólnikami. Dopiero po jakimś czasie, także na podstawie rozmów z różnymi ludźmi, uświadomiłam sobie, że Andrzej jest zaplątany w wojnę gangów. Konkretnie w wojnę grupy pruszkowskiej z ludźmi braci N., Henryka i Wiesława, z Ząbek. Wtedy ostatecznie dotarło do mnie, czyją jestem żoną. I kto jest wrogiem Andrzeja. Czy wiesz, że widzieliśmy zamachowców? Byli ukryci w krzakach w pobliżu naszego wieżowca. A kiedy nastąpił wybuch, zaczęli uciekać.

A.G.: Słowik nie próbował ich gonić?

M.B.: Spróbuj kogoś ścigać, kiedy ledwie stoisz na nogach i krew ci spływa po twarzy. Andrzej był tylko w stanie krzyknąć: „Nie uciekajcie, skurwiele, spójrzcie mi w oczy, tchórze!”. Oczywiście nie zatrzymali się. Podejrzewam, że byli uzbrojeni, więc gdyby

Fot. Stefan Maszewski/Reporter

jednak jakimś cudem Andrzej pobiegł za nimi, dostałby kulkę. I tak by się to skończyło.

A.G.: Szybko otrząsnęłaś się po zamachu?

M.B.: W pewnym sensie nie otrząsnęłam się nigdy. Mam na myśli nie tylko psychikę, ale i rany, które odniosłam. To była bomba domowej roboty, czyli trotyl w plastikowej reklamówce, pomieszany ze śrubami, nakrętkami i gwoździmi. Andrzej po eksplozji miał taką twarz, jakby mu ją ktoś pociął szkłem. Ja wyglądałam niewiele lepiej – w ciało wbiły mi się setki, nie przesadzam!, jakichś metalowych elementów, które chirurg wyciągał przez kilka godzin. Ale do tych najdrobniejszych nie udało mu się dokopać. Po dziś dzień wyczuwam je na całym ciele.

Najgorsze, że w znacznym stopniu straciłam słuch. Od wybuchu popękały mi bębenki w uszach i choć się zrosły, problem pozostał. Chyba zauważyłeś, że mówię dosyć głośno? To jest właśnie pamiątka po tamtych andrzejkach.

A.G.: To musiało być ogromne przeżycie. Także dla mieszkańców waszego bloku.

M.B.: I dla całego osiedla. To oczywiste. Czy wiesz, że od eksplozji poleciały wszystkie szyby w naszym dziesięciopiętrowcu? To był niesamowity widok, zupełnie jak z jakiegoś katastroficznego filmu. Gdyby w Hollywood chciano osiągnąć taki efekt szklanego deszczu, to pewnie użyto by programów komputerowych. Ale to nie był program komputerowy, to się działo naprawdę! Kolejny cud, że odłamki szyb nie porozcinały nam głów. Z jednej strony chciałam uciekać, ale ucieczka wiązała się ze śmiertelnym niebezpieczeństwem – przecież to szkło spadało w promieniu kilkunastu metrów! W pewnym momencie Andrzej położył się na mnie, zasłaniając mnie swoim ciałem. Mój skórzany płaszcz wyglądał jak eksponat z muzeum wojska, pochodzący z jakiegoś bitewnego pola, gdzie użyto szrapneli. Okulary, które Andrzej miał w kieszeni płaszcza, popękały na miazgę. Tak potworna była siła rażenia.

Ale jak to często bywa z dramatycznymi przeżyciami, nie zabrakło elementu humorystycznego. Otóż w chwilę po wybuchu z naszego bloku wybiegł nagusieńki i mokry mężczyzna. Okazało się, że gdy zamachowcy odpalili ładunek, siedział w wannie.

Obawiając się, że za chwilę cały blok zamieni się w kupę gruzu, uciekł na dwór.

Dziś bawi mnie tamta scena, ale wówczas nie było mi do śmiechu.

A.G.: W tamtym czasie w Warszawie było sporo podobnych zdarzeń: wybuchały bomby, na ulicach ginęli uczestnicy gangsterskich porachunków. Może dlatego media aż tak bardzo nie zainteresowały się zamachem na was. Czy świadomość, że znalazłaś się w centrum wojny, jakoś wpłynęła na twoje życie?

M.B.: Początkowo sądziłam, że może chodzi o jakieś nieoddane pieniądze, o coś, co może mieć związek z legalnym biznesem Andrzeja. Pytania kołatały mi w głowie, ale mój mąż nie pomagał mi w rozwikłaniu tej zagadki. Być może gdybym wcześniej drążyła wątek interesów Andrzeja, gdybym była bardziej podejrzliwa, doszłabym do jakichś wniosków. Ale mnie to nie interesowało – miałam fajne życie i chciałam, żeby trwało w nieskończoność. Czy byłam naiwna? Ja bym tak tego nie określiła. Po prostu wierzyłam, że w naszym związku każdy za coś odpowiada i stara się to robić jak najlepiej.

A.G.: Ale miałaś poczucie, że Andrzej coś wie, tylko nie chce ci powiedzieć?

M.B.: Uważałam, że on nie tyle wie, ile przypuszcza. A wracając do twojego pytania, co zamach zmienił w moim życiu, mogę powiedzieć, że mnie zahartował. Bo potem było coraz trudniej, tym bardziej że docierały do mnie różne informacje, że ktoś nastaje na moje życie, na moje bezpieczeństwo.

A.G.: Co to oznacza? Planowano jakieś akcje przeciwko tobie? Tobie, a nie przeciwko Słowikowi?

M.B.: Oczywiście. Z różnych źródeł docierały do mnie informacje, że jestem zagrożona. Na przykład znalazłam się na liście osób do uprowadzenia, ale to już po zatrzymaniu Andrzeja w Hiszpanii. To była lista Zbigniewa C. „Daksa", a z tego, co wiem, to człowiek, z którym raczej nie było żartów. Dawne sojusze przestawały mieć jakiekolwiek znaczenie. No i miałam poczucie, że w przypadku zagrożenia Andrzej, który przebywał w areszcie, mnie nie obroni. Byłam zdana wyłącznie na siebie. Żyłam świadoma zagrożenia życia, mojego i mojego dziecka, każdego dnia w drodze z domu po bułki.

ROZDZIAŁ 7

Błękit Miami

A.G.: Powróćmy do pierwszej połowy lat 90. Podkreślasz, że miałaś u boku Andrzeja wspaniałe życie. Na czym polegało to wasze „życie w błękicie"?

M.B.: Przede wszystkim na braku jakichkolwiek ograniczeń. Robiliśmy to, na co nam przyszła ochota, nie było dla nas rzeczy niemożliwych. Mając pieniądze, mogliśmy pozwolić sobie na realizację każdego, choćby najbardziej dekadenckiego, kaprysu.

Z jednej strony było to zachłanne używanie życia, ciągły ruch, nieustająca zabawa, a z drugiej *dolce far niente* – słodkie lenistwo, brak jakichś większych obowiązków i przymusów. Taka odurzająca mieszanka niebytu i adrenaliny. Życie, o jakim Kowalski mógł tylko pomarzyć.

Ciągłe wyjazdy do egzotycznych krajów, najlepsze ciuchy, najbardziej wyrafinowane alkohole. Nie zadowalaliśmy się byle czym, tylko produktami z najwyższej półki. Życie jest przecież za krótkie, żeby karmić się byle czym. Tak przynajmniej wtedy uważaliśmy.

A.G.: Masa zawsze podkreśla, że Słowik nie uznawał alkoholi, które były w finansowym zasięgu przeciętnego konsumenta. Czyli jeśli whisky, to marki Johnnie Walker Blue…

M.B.: Dokładnie. Albo jakiś bardzo dobry single malt. Myślę, że odegrałam pewną rolę w tej konsumpcyjnej edukacji Andrzeja. To ja pokazałam mu dobre wina i nauczyłam, jak komponować je z określonymi potrawami. Myślę, że nabrał przy mnie pewnego stylu. Do obiadu dobre bordeaux albo rioja, po obiedzie lampka koniaku i cygaro.

A.G.: Wiem, że Słowik pali cygara. A ty?

M.B.: Owszem, bardzo lubię cygara, także ze względu na pewne rytuały, które towarzyszą paleniu. Ale oczywiście preferuję te lżejsze, damskie.

A.G.: Czyli Hawana raczej nie wchodzi w grę? Nikaragua, Dominikana?

M.B.: To prawda. Generalnie nie przepadam za kubańskimi cygarami, bo są zbyt intensywne i ich palenie nie sprawia mi przyjemności. Ale są wyjątki, jak choćby Romeo y Julieta, bardzo smaczne cygara z tego kraju, o lekkim posmaku wiśni i czekolady. Bajka! Reasumując: kiedy przesiadasz się z małego fiata do mercedesa, to automatycznie zmieniają się twoje oczekiwania co do całej reszty. Nie chcesz pić sikaczy i palić sportów. Jeśli gdzieś wyjeżdżasz, szukasz najlepszych hoteli. My z Andrzejem nocowaliśmy niemal wyłącznie w takich z pięcioma gwiazdkami. Czy to w kraju, czy

Fot. Tatiana Jachyra

za granicą; czy to na Mazurach, czy nad plażami Pacyfiku. Dziś się to trochę zmieniło, bo luksus potaniał i jest go więcej, w związku z czym nawet mniej zamożni mogą sobie na niego pozwolić. Ale w latach 90. byliśmy wybrańcami bogów.

A.G.: Jakiś czas temu media opublikowały zdjęcia wakacyjne polskich gangsterów i opatrzyły je podpisem: „Zobacz, w jakich luksusach pławili się mafiosi". Komentarze internautów były bezlitosne: „Wielki mi luksus – jacht, stary mercedes, plaża, kolacja z wódką i coca-colą". Z dzisiejszego punktu widzenia ówczesne „życie w błękicie" nie robi wrażenia.

M.B.: Bo zmieniły się czasy. Ale gdyby wówczas pojawiły się w gazetach takie zdjęcia, ludzie wzdychaliby do tych klepanych mercedesów i niezbyt imponujących jachtów. Sądzę, że gdyby grupa pruszkowska funkcjonowała do dziś, poprzeczka luksusu wisiałaby znacznie wyżej i znów byłaby niedostępna Kowalskiemu. Byłyby bentleye, a nie mercedesy, byłyby najdroższe hotele w Dubaju, a nie na Mazurach, byłyby takie jachty, jakimi pływa po świecie Roman Abramowicz, byłyby prywatne odrzutowce, whisky w cenie dzieł sztuki. I tak dalej.

A.G.: Zawsze zastanawiało mnie, dlaczego podczas gdy Masa stawiał sobie luksusową rezydencję w Komorowie, was zadowalało mieszkanie w bloku. Nie było was stać na coś lepszego? A może to było celowe mydlenie oczu służbom fiskalnym?

M.B.: To nie do końca tak. Żyliśmy w bardzo dobrych warunkach, ale faktycznie wciąż w poczuciu, że jesteśmy na walizkach i że nasza docelowa przystań to kwestia przyszłości. Bliższej czy dalszej – to już inna sprawa. Andrzej zawsze powtarzał, że chce się wyprowadzić z Polski i zamieszkać w jakimś spokojnym pięknym miejscu.

A.G.: Takie nieustające wakacje?

M.B.: Dokładnie. Marzyła mu się jakaś mała grecka wyspa, na której prowadziłby zupełnie inne życie niż w Polsce.

A.G.: Czyli zgodne z prawem?

M.B.: Był nawet bliski kupienia niewielkiego hotelu w Grecji, ale nic z tego nie wyszło. A potem w mediach pojawiła się plotka, że grupa pruszkowska zamierza inwestować w hotele na południu Europy. To trochę tak jak z dowcipem o rozdawaniu mercedesów na placu Czerwonym – nie rozdawali, tylko kradli.

A wracając do twojego pytania. Żyliśmy naprawdę dobrze, i nie tylko w blokowiskach. Przez jakiś czas mieliśmy nawet willę w Konstancinie, tyle że się jej pozbyliśmy, bo nie opłacało się jej utrzymywać. Dysponowaliśmy też kilkoma mieszkaniami, a ja miałam także swoje własne. Ale nie przyzwyczajaliśmy się do nich, bo czuliśmy, że to tylko stan przejściowy. Powiem ci więcej – mieliśmy mieszkanie również na Florydzie, w Miami.

A.G.: Kaprys czy rzeczywista potrzeba?

M.B.: Potrzeba, bo część interesów Andrzeja była ściśle związana z tym miastem, a mieszkanie per saldo okazało się tańsze niż

Fot. Bartek Sadowski/Forum

hotel. Ale nie wyobrażaj sobie jakiegoś penthouse'u przy Collins Avenue za kilkanaście milionów dolarów. To było po prostu wygodne spore studio. Akurat dla dwojga.

A.G.: Jakie interesy mogliście robić w Miami? Wychowany na serialu *Miami Vice* wyobrażam sobie…

M.B.: Nie wyobrażaj sobie handlu kokainą. Na Florydzie można robić jeszcze inne rzeczy, najzupełniej legalnie. Tam był człowiek, który dostarczał firmie Andrzeja jachty i samochody, więc musieliśmy się z nim często widywać. Jako że oboje dysponowaliśmy wizą wjazdową wielokrotną, podróże do USA nie stanowiły dla nas wielkiego wyzwania logistycznego. To było fajne połączenie biznesu z wakacjami. Powiem ci, że nasze częste pobyty na Florydzie wynikały także z tego, że po zamachu bombowym po prostu przestaliśmy czuć się bezpiecznie w Warszawie. A tam inny świat: wspaniałe nocne kluby, zachody słońca na plaży, homar i białe wino, wszechobecne art déco...

A.G.: Wy żyliście zgodnie z prawem, ale atmosfera przestępczości chyba unosiła się w powietrzu? Jak w serialowej piosence Phila Collinsa *In the Air Tonight*?

M.B.: Oczywiście, w Miami nie da się jej nie czuć, ale można się od tej niebezpiecznej strefy odgrodzić. No, chyba że masz pecha albo nie znasz miasta.

My z Andrzejem mieliśmy pecha. Któregoś dnia wypożyczyliśmy samochód, żeby zrobić sobie przejażdżkę do Miami. To był piękny mustang w wersji cabrio, z blachami, które świadczyły o tym, że samochód należy do firmy rent-a-car. Jej pracownik ostrzegł nas, abyśmy się nie zapuszczali do gorszych dzielnic, tak zwanego Vice, bo mogą nas tam spotkać różne nieprzyjemne przygody. Mieszkańcy Vice mają swoje metody zatrzymywania samochodów, a jak już je zatrzymają, to można się z nimi pożegnać. A przy okazji z życiem też.

A.G.: Rozumiem, że pruszkowski urka tym bardziej zapragnął zmierzyć się z miejscową legendą?

M.B.: Ależ skąd! Miami to nie było jego terytorium i wcale nie zamierzał pchać się w paszczę lwa. Zresztą w jakim niby celu?

Nie sądzę, aby latynoscy gangsterzy mieli szczególny respekt dla ksywki „Słowik".

Wsiedliśmy do tego cacka i ruszyliśmy – ja siedziałam za kierownicą, Andrzej podziwiał widoki. Problem w tym, że z każdym zakrętem widoki te stawały się coraz mniej atrakcyjne. Krótko mówiąc, po jakimś czasie trafiliśmy do osławionego Vice. Wystarczyło popatrzeć na twarze jego mieszkańców, na specyficzną tamtejszą modę, żeby zrozumieć, że wyjechaliśmy z bezpiecznej strefy. I nie byliśmy w stanie do niej wrócić, bo zgubiliśmy drogę. Wszyscy patrzyli na nas z pogardą i z niechęcią. Pytanie ich o kierunek byłoby naiwnością.

Nagle na ulicę wtarabaniła się jakaś Murzynka z dziecięcym wózkiem; oczywiście w środku nie było żadnego dziecka. To była właśnie ta metoda na zatrzymanie frajerów. Zwolniłam, bo nie było innego wyjścia, a wtedy kilku, a może kilkunastu?, mężczyzn zaczęło biec w naszą stronę. Uznałam, że jeśli nie zareaguję natychmiast, stanie się najgorsze, więc depnęłam po gazie i z rykiem silnika wjechałam na chodnik. Udało mi się ominąć Murzynkę i uciec z tej ulicy.

To był nasz jedyny kontakt z przestępczością w Miami.

A.G.: W powszechnej świadomości wasze amerykańskie wypady kojarzą się nie tyle z Florydą, ile z Las Vegas. Tam w czerwcu 1995 roku wzięliście spektakularny ślub. Myślę, że wybór Las Vegas nie był przypadkowy – to miasto zbudował przecież jeden z bossów amerykańskiej mafii, Bugsy Siegel, który czerpał ogromne zyski z tamtejszego hazardu. Dużo później na ekranach pojawił się słynny film Martina Scorsese *Kasyno*, także o Las Vegas. Słowik doskonale musiał o tym wszystkim wiedzieć.

O twoim ślubie pisano już jednak tyle razy, że nie wiem, czy jest sens wracać do tamtego wydarzenia. Choć z drugiej strony skoro już powstaje książka o twoim luksusowym życiu, to chyba nie powinno zabraknąć tego wątku?

M.B.: Postaram się wyszukać w pamięci coś, czego jednak w gazetach nie było.

A ślub, faktycznie, był bardzo spektakularny, ale to nie tak, że nikt inny nie byłby w stanie go sobie zorganizować. W Las Vegas możesz sobie zamówić ślub w wersji, powiedzmy, standardowej, ale też bardziej luksusowej i w wersji premium. My, oczywiście, skorzystaliśmy z tej trzeciej opcji, na zasadzie: jak szaleć, to szaleć. Kosztowało to rzeczywiście sporo, ale czy fortunę? Kwestia względna.

Dla mnie najważniejsze było to, żeby ceremonia odbyła się daleko od Polski, gdzie różni nieprzyjemni ludzie mogliby podrzucić nam jakiś trefny prezent, jakiś ładunek wybuchowy czy coś w tym stylu. Dlatego pojechaliśmy za ocean. I to w bardzo ograniczonym gronie, czyli tylko ze świadkami: biznesmenem P. i jego partnerką Agnieszką.

Zamieszkaliśmy w jednym z najdroższych hoteli w Las Vegas, w Mirage, tym zbudowanym w kształcie otwartej księgi.

A.G.: Większość internetowych portali turystycznych określa go jako „superluksusowy": basen tropikalny, kasyno, lądowisko dla helikopterów...

M.B.: Rzeczywiście, oferta była dobrze dopasowana do okoliczności.

Zamieszkaliśmy w gigantycznym apartamencie na samej górze; mieliśmy do dyspozycji własną windę, której drzwi otwierały się w salonie. W jednej sypialni byłam ja z Andrzejem, a w drugiej – P. i jego ukochana. Tą windą dotarliśmy również na lądowisko dla helikopterów. To właśnie stąd wyruszyliśmy w nasz przedślubny lot. Helikopter przeleciał nad gigantyczną tamą Hoovera i usiadł w Wielkim Kanionie. A dokładnie w wyschniętym korycie Missisipi-Missouri.

Gdy wracaliśmy, było już ciemno. W oddali widać było światła Las Vegas. Mieliśmy na uszach słuchawki, a pilot zapytał, jaką muzykę nam puścić. Zapewnił, że dysponuje wszystkimi utworami świata, w co akurat nie bardzo chciało mi się wierzyć. Zwłaszcza że miałam ochotę na bardzo konkretną melodię.

A.G.: Niech zgadnę... *Marsz weselny* Mendelssohna, motyw Nina Roty z *Ojca chrzestnego* albo *Kołysanka* Michała Lorenca z filmu *Psy*?

M.B.: Pudło! Gdy tak zniżaliśmy się nad Las Vegas, przypomniała mi się scena ataku helikopterów z *Czasu Apokalipsy*.

A.G.: Już wiem, *Cwał Walkirii* Wagnera! Nie wierzę, że ci to puścił.

M.B.: A jednak! I przyznam się, że przeszły mnie wówczas dreszcze. To był chyba najbardziej emocjonujący moment tego dnia, mimo że przed nami była jeszcze jedna atrakcja, choć niekoniecznie bezpośrednio związana ze ślubem.

Fot. Łukasz Cynalewski/Agencja Gazeta

Jak wiesz, w każdym hotelu w Las Vegas znajduje się kasyno – jedne są lepsze, tylko dla najbogatszych wybrańców, inne przypominają nasze salony gry z jednorękimi bandytami. Zatem jeśli masz jakieś pieniądze do przegrania, nie musisz długo szukać okazji. W hotelu Mirage także znajdowała się jaskinia hazardu.

Jako że nasz świadek P. był w tej kwestii nałogowcem i wiadomo było, że na pewno przepuści wszystko do ostatniego centa, postanowiliśmy uchronić go przed katastrofą. Otóż przed nocą ukryliśmy jego ubranie – nie tylko garnitur, ale i skarpetki – no przecież nagi nie pójdzie do kasyna! I wszyscy poszliśmy spać.

Rano budzimy się, a P. nigdzie nie ma. Rozpłynął się czy jak? W końcu zdecydowaliśmy się zjechać na dół, do kasyna, w którym teoretycznie nie miał prawa być. Tymczasem... był. Siedział owinięty ręcznikiem kąpielowym za stołem do blackjacka.

A.G.: Wobec tego P. już zawsze będzie ci się dobrze kojarzył. Ostatecznie scena jak z dobrej komedii.

M.B.: Nic z tego, bo kilka lat później zagrał w farsie, która wcale mnie nie śmieszyła. Kiedy już byłam z Wadimem, ni stąd, ni zowąd doniósł na policję, że ja wraz z moimi nowymi wspólnikami zamierzam go porwać dla okupu. Czegoś takiego to i Mrożek by nie wymyślił! Dziś wiem, że prawdopodobnie była to robota Sproketa, który starał się przekonać cały świat o tym, że jestem szefową groźnej struktury przestępczej. Więc poszedł do P., wiedząc, że ten się przestraszy i pójdzie na policję. Oczywiście, policja po zbadaniu sprawy uznała to za konfabulację i machnęła ręką na to doniesienie.

A.G.: Dlaczego P. nie przyszedł z tym najpierw do ciebie? Po tylu latach znajomości czy wręcz przyjaźni?

M.B.: Widocznie został nieźle nastraszony. Co nie zmienia faktu, że mam do niego żal. Który pewnie nieprędko mi przejdzie.

ROZDZIAŁ 8

Życie jest zbyt krótkie, żeby pić taniego szampana

Artur Górski: Tak jak każdy Kowalski mam bardzo określony i zapewne wypaczony obraz luksusu, w jakim pławiła się polska mafia: szastanie pieniędzmi na lewo i prawo, wóda i koka w najdroższych hotelach, balangi do utraty świadomości, prostytutki czekające w długich kolejkach do łóżek gangsterów, urodziny w klubach go-go, złote mercedesy. I tak dalej. Nie wystarcza mi wyobraźni i doświadczenia, żeby ciągnąć tę listę. W każdym razie mówię o hedonizmie daleko odbiegającym od granic rozsądku.

Monika Banasiak: Ktoś powiedział, że to byt określa świadomość, więc trudno się dziwić, że tak szybko zamknąłeś tę listę. Faktycznie, mafiosi, jak wszyscy nuworysze, rzucali się na ten luksus, jakby świat miał się skończyć następnego dnia. Korzystali z niego tak, że wychodziła z tego żałosna komedia. Ja zawsze lubiłam luksus, ale rozumiałam go nieco inaczej niż większość osób związanych z Pruszkowem. Przede wszystkim najbardziej mi smakował z dala od Polski, w jakichś bardzo atrakcyjnych okolicznościach przyrody. Tak się składało, że mój mąż miał na ten temat podobne zdanie.

A.G.: Pamiętasz wasz pierwszy wyjazd?

M.B.: Zaczęliśmy z wysokiego C. W 1990 roku, jeszcze jako narzeczeni, pojechaliśmy do Paryża.

A.G.: Na takie wysokie C stać wiele par. Ostatecznie Paryż to miasto, które powinni zaliczyć wszyscy zakochani.

M.B.: Wszystko zależy od tego, jak się z tego Paryża korzysta. Można nocować na dworcu albo w tanim hostelu, ale można wynająć apartament w najdroższym hotelu. Tylko pamiętaj – cena to nie wszystko. Trzeba wiedzieć, które miejsca są *en vogue*, a które jedynie dla tych, którzy chcą wydać duże pieniądze, lecz nie mają pojęcia, gdzie warto je wydać.

A.G.: Powiedzmy, że nie przychodzi mi do głowy żadne takie miejsce. Paryż to Paryż, w każdej dzielnicy.

M.B.: A jednak księżna Diana i jej ukochany Dodi al-Fayed nie wyobrażali sobie innego hotelu niż Ritz na placu Vendôme. Jeden z najdroższych w mieście, owiany największą legendą. Zginęli wkrótce po opuszczeniu Ritza…

A.G.: Rozumiem, że Słowik zaprosił cię właśnie tam?

Fot. Sławomir Kamiński/Agencja Gazeta

M.B.: Nie. Ale tylko dlatego, że tam długo się czeka na apartament. Musielibyśmy go zarezerwować o wiele wcześniej, a tamten wypad do Paryża był decyzją podjętą niemal w jednej chwili. Bardzo nam jednak zależało na tym, aby nasz hotel znajdował się w pobliżu placu Vendôme. Na szczęście na Ritzu świat się nie kończy, więc zamieszkaliśmy w luksusowym hotelu De Vendôme, bardziej kameralnym, może nawet bardziej klimatycznym niż Ritz. W sumie to był krótki wyjazd, ale dał przedsmak tego, co miało mnie czekać w przyszłości.

A.G.: Najdroższe hotele?

M.B.: I kosztowne upominki. W Paryżu Andrzej zabrał mnie do salonu Cartiera, który także znajduje się na placu Vendôme, i poprosił, żebym wybrała sobie pierścionek z brylantem. A ja, głupia, pomyślałam, że on już tyle na mnie wydał, że nie mam prawa naciągać go na kolejne kilka czy kilkanaście tysięcy dolarów. Dlatego wybrałam mały sygnet z drobnymi brylancikami, też nietani, ale jednak znacznie mniej obciążający kieszeń Andrzeja niż pierścionek z dużym kamieniem. Nigdy nie rozstaję się z tym sygnetem, to dla mnie bardzo ważna pamiątka. Niejedyna – kolejną jest moje uwielbienie dla calvadosu. Kiedy w młodości czytałam książki Remarque'a, zawsze chciałam wiedzieć, jak smakuje trunek, którym raczą się bohaterowie *Łuku Triumfalnego*…

A.G.: „Calvados to coś więcej niż trunek – to sposób bycia".

M.B.: Tak, to cytat z Remarque'a. I dlatego tak bardzo mi zależało, żeby mój pierwszy kieliszek calvadosu wypić właśnie w Paryżu. Choć z biegiem czasu polubiłam też inne trunki, jak na przykład niezbyt wyrafinowany drink Cuba Libre. Pamiętam, że kiedy polecieliśmy z Andrzejem do Rio de Janeiro na karnawał, to ledwie wysiadłam z samolotu. Tak uraczyłam się rumem z coca-colą.

A.G.: Lećmy zatem dalej. Z tego, co wiem, zwiedziłaś prawie cały świat.

M.B.: Nasz podróżniczy patent polegał na tym, że najpierw zwiedziliśmy, i to bardzo dokładnie, jedną półkulę, a potem drugą. Uznaliśmy, że na pierwszy ogień pójdzie półkula zachodnia, czyli obie Ameryki, od Kanady po Argentynę. Ale muszę zaznaczyć – bez względu na to gdzie, zawsze najbardziej kochałam wyspy. Na wyspach czujesz dwie rzeczy: wiatr i pełną wolność. Jeśli są to małe wysepki, przeważnie nie ma tłumów, których nie znoszę, i można się zmierzyć z własnymi myślami. Na przykład na Antylach Holenderskich, u wybrzeży Wenezueli, byłam na wyspie tak małej, że można ją było obejść w czterdzieści minut, i to niezbyt pospiesznym krokiem. Ale zwiedziłam cały archipelag i muszę powiedzieć, że to jedno z najpiękniejszych miejsc, jakie widziałam. Znacznie przyjemniejsze niż oklepane Dominikana czy Jamajka, gdzie można nasycić oczy widokiem nagich ciał, ale trudno znaleźć coś dla duszy.

Jeśli szukasz raju, pojedź na wyspę Sint Maarten na Antylach. Samolot wyrzuci cię niemal na plaży, i to w sensie dosłownym. Nigdzie indziej na świecie samoloty podchodzące do lądowania nie przelatują nad plażą na tak niskiej wysokości. To jest raptem kilkanaście metrów i jeśli dobrze wyciągniesz rękę, to możesz niemal dotknąć brzucha maszyny. Pięknie i strasznie.

A.G.: Ale nie polecieliście tam przecież, żeby oglądać samoloty?

M.B.: O wiele przyjemniejszy jest widok żetonów leżących na stole w kasynie. Zwłaszcza jeśli kupka rośnie tam, gdzie siedzisz ty. Dlatego wieczory umilaliśmy sobie grą w ruletkę. Zwiedziłam setki kasyn na całym świecie, ale te na Antylach wspominam szczególnie miło. Za dnia chodziliśmy po butikach luksusowych marek; tam są znacznie niższe ceny niż w Europie, więc za rzeczy, które w Paryżu kosztowałyby tysiące dolarów, my płaciliśmy kilka razy taniej.

Fot. Wojciech Surdziel/Agencja Gazeta

Ale nie myśl sobie, że interesowały nas wyłącznie prymitywne rozrywki. Tak naprawdę polecieliśmy na Sint Maarten, żeby nurkować. Oboje z Andrzejem mamy patenty nurkowe i zapuszczaliśmy się na naprawdę głębokie wody. Tam spotkała mnie zabawna przygoda. Wynajęliśmy łódź z miejscowym sternikiem, który dobrze wiedział, gdzie nas wywieźć, z dala od tras dla turystów. Na łodzi były owoce morza i białe wino, woda ciepła jak w wannie, więc wyprawa zapowiadała się wspaniale.

Jak widzisz, bardzo lubię czerwony lakier do paznokci; wtedy także miałam pomalowane na ten kolor. Gdy wskoczyłam do wody, nie miałam na dłoniach rękawic, nie sądziłam, że mogą mi być potrzebne. Kilka metrów pod powierzchnią zobaczyłam wielką ławicę ogromnych kolorowych ryb, zupełnie jak z przygód kapitana Nemo. Gdy podpłynęły do mnie na wyciągnięcie ręki, chciałam choć musnąć jedną z nich. I wyobraź sobie, że zamiast uciekać, ryby zaczęły... chwytać pyszczkami moje palce. Oczywiście zainteresowały je moje czerwone paznokcie. Pewnie uważały, że to jakieś owady nadające się do spożycia.

Gdy wróciliśmy na brzeg, Andrzej poszedł gdzieś na spacer z tym sternikiem, a ja położyłam się na plaży, policzkiem na mokrym piasku. Nurkowanie to naprawdę wyczerpująca pasja, więc od razu przysnęłam. Obudził mnie jakiś dziwny chrzęst. Otworzyłam oczy i... tuż przy swojej twarzy zobaczyłam kraba. Odwróciłam głowę – tam też był krab. Okazało się, że leżę otoczona gigantycznym stadem skorupiaków! Nie zwracały na mnie uwagi. Po prostu szły od morza w głąb lądu, a ja znalazłam się na trasie ich przemarszu.

A.G.: Nurkowanie to wspaniała przygoda. Ale z wielkimi pieniędzmi kojarzą mi się i inne sporty.

M.B.: Powiedzmy, że jednym z nich jest golf. Wspaniałe ogromne pola golfowe znajdują się na innej wyspie, Arubie, i tam jeździliśmy grać. Nawet jeśli jesteś kiepski w te klocki, to Aruba, na poły skalista, a na poły pokryta wspaniałą zielenią, jest tak piękna, że wcale nie musi cię obchodzić, czy trafiłeś piłką do dołka. Ważne, że trafiłeś do raju.

Nawiasem mówiąc, ja gram kiepsko i wcale mi się golf nie podoba, bo to dyscyplina i nudna, i szpanerska, ale sam rozumiesz – na pewnym poziomie po prostu nie wypada nie grać.

Największe wrażenie zrobił na mnie hotel, w którym się zatrzymaliśmy, bodaj Hyatt. Już sam widok z okna, kiedy olbrzymia czerwona kula słońca znika w morskiej toni, a potem zapada totalna ciemność, wynagradzał spory koszt pokoju.

Ale najbardziej zapadła mi w pamięć hotelowa restauracja, tuż przy brzegu oceanu. Stoliki były ustawione na miniaturowych wysepkach połączonych czymś w rodzaju kładek. Jeśli nie życzyłeś sobie, aby ktoś niepożądany znalazł się na twoim terytorium, kelner przestawiał kładkę i już nie było do ciebie dostępu. Jeden stolik był szczególnym obiektem pożądania – znajdował się w grocie pod wodospadem, ukryty przed oczami innych gości. Ciągle był zarezerwowany, ale Andrzejowi udało się go zdobyć. Podejrzewam, że zadziałał albo jego urok osobisty, albo urok jego portfela.

Zasłonięci przez taflę wody mogliśmy się rozkoszować homarem pod beszamelem z truflami, egzotycznymi rybami i najlepszym chablis, jakie było w karcie restauracji.

Nie ukrywam, że bardzo lubię homary – nie dlatego, że są tak drogie, ale dlatego, że są po prostu dobre i zdrowe. Tylko tak się, niestety, składa, że rzeczy dobre są przeważnie drogie.

Kolację zakończyłam lampką mojego ulubionego koniaku, martella, i cygarem.

To tam po raz pierwszy w życiu zobaczyłam czarnego łabędzia. Przyznasz, że w takich okolicznościach takie spotkanie było jak żywcem wyjęte z jakiegoś kiczowatego filmu.

A.G.: Gdyby podpłynął do was Dziad albo Wariat, emocje byłyby większe…

M.B.: Ale ja mówię o pięknych emocjach, a nie o *Alfabecie polskiej mafii*!

A wracając do moich preferencji sportowych – o ile gra w golfa niezbyt mnie pasjonuje, o tyle bardzo podoba mi się inna dyscyplina dla elity, polo. A jeśli polo, to tylko na Jamajce. Jeździliśmy tam z Andrzejem, aby obserwować zawody na najwyższym poziomie, a nawet sami spróbowaliśmy naszych sił. Jako że od młodości jeżdżę konno, udało mi się przynajmniej poczuć smak tej gry. Wielkie emocje, a jednocześnie ogromna elegancja. Także Andrzejowi polo przypadło do gustu, może dlatego, że lubi stroje i kosmetyki od Ralpha Laurena, a Polo to przecież jego flagowa linia. Nawiasem mówiąc, na Jamajce kupiliśmy mu cały strój do polo, w którym prezentował się doskonale.

A.G.: Chciałbym zobaczyć, jak Słowik i Słowikowa mkną na koniach w pogoni za piłką…

M.B.: Prawdę mówiąc, o wiele większą przyjemność sprawiała mi jazda po dużych otwartych przestrzeniach. Albo kąpiel konno w morskiej wodzie. Gdy pojechaliśmy z Andrzejem na plażę w lagunie, rozkulbaczyliśmy konie, a ja postanowiłam umyć mojego wierzchowca. Wjechałam na nim na oklep do wody, co okazało się niezapomnianym przeżyciem – koń biegł po dnie, wiatr rozwiewał mu grzywę, a ja czułam olbrzymie ciepło bijące od jego skóry. Coś wspaniałego!

A.G.: Jakieś inne silne przeżycie z dalekich wypraw?

M.B.: Nasze podróże generalnie były przesycone kolorowymi doznaniami. Mogłabym o nich mówić w nieskończoność. W tej chwili jednak przychodzi mi do głowy kolacja w Tokio.

A.G.: Pierwsze zetknięcie z sushi?

M.B.: Nie z sushi, ale z jakuzą.

A.G.: Czyżby Pruszków współpracował z tą słynną japońską mafią? O tym, że miał kontakty z kolumbijskimi kartelami i podziemiem kryminalnym Rosji, powszechnie wiadomo. Ale że z jakuzą...

M.B.: Powiem tak: nic mi nie wiadomo o takich kontaktach. Po prostu zostaliśmy zaproszeni do bardzo eleganckiego lokalu, w którym załatwiali interesy bossowie tej struktury. Generalnie to nie była restauracja dla wszystkich, bramkarze wpuszczali wyłącznie „upoważnionych".

Nie pamiętam ani nazwy, ani dzielnicy, w której się znajduje. Zresztą na szyldzie były japońskie litery, więc nie miałam szansy go rozszyfrować.

Pamiętam, że jechaliśmy tam w poczuciu ekscytującej przygody. Restauracja znajdowała się na najwyższym piętrze jakiegoś luksusowego wieżowca.

A.G.: No ale przecież nie zaprosiło was tam biuro podróży. Skąd znaliście ten adres? Kto was tam zaciągnął?

M.B.: To był znajomy Andrzeja. Polak, który miał wobec niego jakiś dług wdzięczności. Podejrzewam, że kontrahent biznesowy, który utrzymywał dość szerokie stosunki z różnymi kręgami. W ogóle ten wypad do Japonii był czymś w rodzaju prezentu dla mojego męża.

A.G.: To zabrzmiało tak, jakbyś tłumaczyła prokuratorowi coś, czego mu wytłumaczyć nie chcesz...

M.B.: Bo ja naprawdę nie wiem, dlaczego facet miał znajomości w tych kręgach. Dla mnie było ważne to, że mogłam się znaleźć w ciekawym miejscu, a przy okazji skosztować znakomitych potraw serwowanych z wózka. Można było jeść do woli, komponując dania wedle gustu. Kelner był zaopatrzony w kilkadziesiąt noży, którymi oprawiał mięso, głównie rybie, rzucał je na rozgrzany do czerwoności żeliwny blat i podpiekał. Tak naprawdę było w tym więcej rozrywki niż gastronomii, choć dania smakowały mi szalenie.

A.G.: Byłbym wdzięczny, gdybyś jednak sobie przypomniała, za co Słowik dostał tę nagrodę...

Fot. Wojciech Surdziel/Agencja Gazeta

M.B.: Przykro mi, on naprawdę rzadko kiedy z czegoś się spowiadał.

Ale jeśli jesteśmy przy wyrafinowanej gastronomii, bo opowiem ci o naszej wizycie na Bora-Bora. Mieszkaliśmy tam na wysepce w luksusowym hotelu, ale nie w jakimś Hiltonie czy Sheratonie, bo tak naprawdę są to jedynie hotele o podwyższonym standardzie, tylko w ośrodku należącym do jednego z elitarnych klubów funkcjonujących na tym terenie. Najwyższa półka. Wprawdzie na terenie ośrodka znajdowały się luksusowe restauracje, ale jeśli nie chcieliśmy opuszczać naszej wysepki, dawaliśmy znać obsłudze i za chwilę podpływała do nas łódź z cateringiem. A w łodzi nie jakiś gondolier w T-shircie, tylko kelnerzy w garniturach, którzy zanim podali jedzenie, nakrywali stolik białym obrusem i zastawiali go.

Bajka!

A.G.: Zakończmy tę podróż dookoła świata w Monte Carlo. W Monako kobieta luksusowa powinna czuć się jak ryba w wodzie.

M.B.: Owszem, to miejsce, gdzie luksus jest wszechobecny, wręcz natrętny. Czasami wręcz można go mieć dość.

A.G.: Zwłaszcza jeśli ogląda się go przez szybę.

M.B.: Dokładnie. Ja miałam jednak to szczęście, że korzystałam z uroków Monte Carlo dość obficie. Pojechaliśmy tam w kilka rodzin – byli z nami Mirek D. i Zygmunt R. z małżonkami i dziećmi – ale naszą bazą wypadową były okolice Nicei. Do Monako kopnęliśmy się jedynie na kilka dni, bo naprawdę dłuższy pobyt tam nie ma sensu.

Zamieszkaliśmy w hotelu De Paris Monte-Carlo, najelegantszym w księstwie, z restauracją, której szef chyba już przestał liczyć gwiazdki Michelin. Zresztą ta restauracja niewiele się różni od sali tronowej w Wersalu. No, przepych, który bije po oczach, uzasadniając bajońskie ceny. Widok z okna naszego pokoju rozpościerał się na marinę, gdzie setki wielkich jachtów za miliony dolarów przypominały, że nie jesteśmy w Juracie. Choć uważam, że nasze Wybrzeże również ma wiele uroku.

A.G.: Rozumiem, że nie obeszło się bez wizyty w kasynie?

M.B.: Ależ oczywiście! Ja wprawdzie nie jestem hazardzistką, ale wizyta w tamtejszym kasynie to jak wizyta w operze, a nie w jaskini mamony. Trzeba się pokazać, oczywiście w stroju wieczorowym.

Andrzej dał mi pięćset dolarów i rzucił z pobłażaniem w głosie: „Zagraj sobie, może coś wygrasz". No i traf chciał, że miałam szczęście. Przed wejściem do tamtejszego kasyna znajduje się statuetka króla Ludwika XIV na koniu, której należy dotknąć, aby zwiększyć swoje szanse na sukces. Tak naprawdę należy pogłaskać konia po nadpęciu. Zrobiłam tak i wyszłam z kasyna sześć razy bogatsza – wygrałam w ruletkę ponad trzy tysiące dolarów. Niewiele myśląc, udałam się do butiku pewnej modnej francuskiej kreatorki i za całą wygraną nabyłam piękną sukienkę.

A jeden z wieczorów w Monte Carlo spędziliśmy na luksusowym jachcie w towarzystwie pewnego znajomego Andrzeja.

A.G.: Ze znajomych Słowika, którzy pływali jachtem w Monako, kojarzę Marka M. „Oczkę".

M.B.: Nie, to nie był Oczko ani żaden inny gangster ze Szczecina. Nie był to też Ryszard K., vel Fanchini, choć akurat on miał jacht w Monte Carlo. Gospodarz mówił po rosyjsku, choć nie wiem, czy był Rosjaninem, czy może Ukraińcem. Złożyliśmy mu coś w rodzaju rewizyty, bo nieco wcześniej on wziął udział w uroczystym obiedzie, jaki wydał Andrzej z okazji rocznicy naszego ślubu. Obiedzie, w którym – zgodnie z regułami gry – najdroższym daniem było czerwone wino Pomerol. Wiesz, życie jest zbyt krótkie, żeby pić taniego szampana...

Pamiętam, że jak weszliśmy na pokład jachtu, moje stopy niemal zatonęły w puszystym dywanie wyściełającym salon. Nad kominkiem – tak, tak, to był jacht z kominkiem! – wisiał obraz Renoira. Od całości biło tak wielkim bogactwem, że aż nie wpadało pytać, czy ten Renoir jest autentyczny.

A.G.: Oczywiście nie masz pojęcia, jakie interesy łączyły Słowika z tym Rosjaninem?

M.B.: Oczywiście nie. Tak samo jak nie mam pojęcia, dlaczego wszyscy mieszkańcy Monte Carlo mają tak bardzo znudzone i zblazowane twarze. Czyżby bogactwo nie dawało im szczęścia?

A.G.: A tobie dawało?

M.B.: Dawało, jak najbardziej. Choć dziś zastanawiam się, co było bardziej intensywne: przeżywanie szczęścia w luksusie czy gorycz upadku, kiedy moje życie legło w gruzach. Ale chyba nie ma takiej wagi, która by mi to precyzyjnie odmierzyła. Po prostu muszę się cieszyć tym, że pozostały mi piękne wspomnienia.

ROZDZIAŁ 9

Komu zależało, aby utopić żonę Słowika?

Artur Górski: Gdybyś był policjantem w zespole, który rozpoczyna śledztwo w sprawie zorganizowanej grupy przestępczej kierowanej przez żonę Słowika, nie miałbyś wątpliwości, czy aby na pewno zeznania świadka koronnego nie są – pozwolę sobie na eufemizm – nieco przesadzone?

Jarosław Sokołowski „Masa": Praca w policji to nie amerykański film, gdzie więcej się dedukuje, niż działa. Musiałbym sprawdzić wszystko, czego bym się dowiedział, to oczywiste. Wiesz, Monika była legendą Pruszkowa i nawet wielu gangsterów uważało, że jest osobą zdolną złapać za mordę żołnierzy męża, czy innych chłopaków z miasta, i skutecznie nimi kierować. Nie wspominając o tym, jakie zdanie na jej temat miał przysłowiowy Kowalski... Myślę, że niejeden straszył Słowikową niegrzeczne dzieci. Pamiętasz, jaka wybuchła radość w kraju, kiedy w końcu ją zawinięto i postawiono jej zarzut kierowania grupą?

A.G.: Pamiętam. I przyznam, że sam byłem wśród tych, którzy odetchnęli z ulgą. Bo wiedziałem tyle, ile przeczytałem. Ale ty miałeś o wiele większą wiedzę.

J.S.: No więc gdybym był tym policjantem, mającym nieco więcej pojęcia o rodzimym półświatku niż Kowalski, pewnie zadałbym sobie pytanie: czy w tamtym czasie, czyli po 2000 roku, Monika w ogóle mogła zorganizować jakąś ekipę? A jeśli nawet zorganizowałaby, bo przecież każdy może to zrobić, ty też, to czy miała jakiekolwiek szanse na przetrwanie. Szczególnie gdyby Monika miała ambicje stworzenia czegoś podobnego do Pruszkowa.

A.G.: A przynajmniej na bazie Pruszkowa, tyle że bez kierownictwa, które poszło siedzieć.

J.S.: Ten, kto tak myśli, wykazuje absolutny brak orientacji w realiach świata przestępczego. To nie jest tak, że cała kryminalna Polska kochała Pruszków, a kiedy starzy poszli do chliwa, wszyscy gangsterzy ogłosili stan żałoby. Już pod koniec lat 90. wiele grup próbowało nas ukąsić, tyle że nikt nie był na tyle mocny. Ale oczywiście wszyscy czekali, aż Pruszków upadnie i będzie można przejąć po nim schedę. A jeśli jakieś niedobitki będą próbowały zachować status quo, to się je wywiezie na taczkach do lasu i tam się je poinformuje, kto teraz rządzi. W momencie, kiedy upadał Pruszków, na scenie było już kilka mocnych ekip, które z powodzeniem mogły wskoczyć na nasze miejsce. Dodajmy – ekip mocnych i jeszcze bardziej brutalnych niż Pruszków.

A.G.: Kogo masz na myśli?

J.S.: Chociażby Ożarów Klajniaka i Mokotów Korka. To były grupy sojusznicze, więc jeśli ktoś zagrażał jednej, druga ruszała z odsieczą. W sumie mowa o strukturze, której nikt nie mógł podskoczyć. Mokotów raczej ograniczał się do zarabiania w stolicy, ale chłopcy z Ożarowa latali po całej Polsce, czyli zachowywali się tak jak pruszkowscy. Jeśli do tego dodać Mutantów - być może najbardziej krwawą z grup, choć nieliczną - to mamy obraz miasta, w którym nie ma już miejsca dla kolejnych graczy.

A.G.: No ale przecież Monika mogła mieć do dyspozycji średni szczebel i doły Pruszkowa. To za mało, żeby się postawić Ożarowowi i Mokotowowi?

J.S.: Jeśli Monika miała kogokolwiek do dyspozycji, to chyba jedynie powiatowych twistów.

A.G.: To nazwa grupy czy raczej ocena wartości bojowej?

J.S.: To drugie. Chodzi mi o gości, których żaden poważny boss nawet nie brałby pod uwagę przy naborze do grupy, a dla których udział w mafii byłby spełnieniem życiowych marzeń. Takie tłumoki zawsze kręcą się po mieście i czekają, aż ktoś ich wyłowi z tłumu. Niestety, przeważnie nikt nie zwraca na nich uwagi, bo to zwykłe fusy kawiarniane, chociaż palą się do roboty.

A.G.: Bez przesady, mówimy o żonie jednego z najsłynniejszych polskich bossów. Nie wierzę, żeby jego legenda nie stanowiła wabika.

J.S.: A ja ci powtarzam: ci, którzy się liczyli, szli do Korka albo do Klajniaka. Tam była siła i hajs, a u Moniki byłby tylko strach i pewność, że kokosów nie będzie. Zresztą, który z urków chciałby przejść pod komendę baby, przy całym szacunku dla Moniki?

A.G.: No a gdyby chciała działać na małą skalę? Tak żeby nikomu nie wchodzić w paradę?

J.S.: Nie ma takiej skali, która nie byłaby solą w oku grupy rządzącej na danym terenie. Gdyby Monika chciała, załóżmy, pohandlować prochami w Warszawie, Mokotów by ją zaorał. Ją i jej twistów. Nie tylko z powodów czysto biznesowych, ale jako nauczkę i *memento mori* dla innych potencjalnych śmiałków. Poza tym na północy Warszawy rosła kolejna siła, czyli grupa żoliborska. Oni trzymali się nieco na uboczu, unikali konfrontacji z Mokotowem czy Ożarowem, ale gdyby grupa Moniki chciała wejść na ich teren, bardzo by się poparzyła. Nie zapominajmy też o Wołominie, czy raczej Młodym Wołominie, pod przywództwem Młodego Klepaka, Jacka, syna Mariana K., który zginął podczas egzekucji w Gamie. Wprawdzie Młody Klepak wielką inteligencją nie grzeszył i gdybyś miał okazję z nim porozmawiać…

A.G.: Ale to już nie na tym świecie. Młody Klepak został zastrzelony w Mikołajkach w 2002 roku.

J.S.: No więc gdybyś miał okazję porozmawiać z nim na tamtym świecie, tobyś się przekonał, że mowa o osobie mądrej inaczej. On skupiał wokół siebie takich samych jak on, bo ktoś o nieco wyższym IQ omijałby Klepaka z daleka. No ale chłopcy byli naprawdę ostrzy i sięgali po broń pod byle pretekstem. Z nimi Monika nie miałaby szans.

A.G.: Miała Sproketa. To nie był na mieście jakiś *no name*, ale facet, który się liczył.

J.S.: I to jest właśnie pytanie: czy ona go miała, czy raczej on korzystał z jej sławy, działając na własny rachunek?

A.G.: Zanim to rozstrzygniemy, powiedz, czy Sproket był w stanie zapewnić grupie możliwość działania. Czy dysponował ekipą, która postawiłaby się w razie dojazdu?

J.S.: Trudno powiedzieć, czym on dysponował. Na pewno był blisko związany z Januszem G. „Grafem", a to już był atut. Graf wprawdzie nie dorastał Korkowi czy Klajniakowi do pięt, ale mimo wszystko jakiś tam mir na mieście miał. Szczególnie na Pradze, na której zawsze miał spore wpływy, a po aresztowaniu Malizny i Żaby stał się jej niekwestionowanym władcą. Na pewno bliskie kontakty z Grafem dawały Sproketowi poczucie bezpieczeństwa, bo Romek był nielubiany i przez ożarowskich, i przez mokotowskich. Pamiętam, że sam kiedyś interweniowałem u Klajniaka, żeby odpuścił sobie Sproketa i dał mu żyć.

Poza tym parasol Grafa poszerzał jego pole możliwości zarobkowania.

A.G.: No właśnie. Czyli jednak jakimś zapleczem Monika mogła dysponować.

J.S.: Teoretycznie tak, ale w praktyce było zupełnie inaczej. Wiem, że wokół Moniki kręcili się jacyś goście, którzy byli zakochani w Słowiku i byli gotowi działać pod sztandarem Andrzeja Z., ale sądzę, że przejął ich Sproket. A Monika nie miała o tym zielonego pojęcia.

A.G.: A patron tego hufca, czyli Słowik, namaścił Sproketa na swojego przedstawiciela?

J.S.: Ależ skąd! Panowie nawet się nie spotkali. Tak naprawdę patronem był Graf, a Sproket dostarczał mu ludzi. A jak Graf z tych ludzi korzystał, to już inna sprawa. Tyle że mowa już o zupełnie innym kierownictwie; osobiście uważam, że to nie Monika powinna usłyszeć zarzut kierowania grupą przestępczą.

A.G.: Z tego, co wiem od Moniki, żaden członek tej „jej grupy" nie usłyszał zarzutu. Wyłącznie ona.

J.S.: Nie znam na tyle sprawy, żeby ją komentować, ale gdyby tak faktycznie było, mielibyśmy do czynienia z dziwnym precedensem! Trochę mi to przypomina proces Janusza T. „Krakowiaka", z którego zrobiono wielkiego bossa, a który prawie nikogo nie miał pod swoją komendą. No ale jednak kogoś tam miał…

A.G.: Powróćmy do mojego pytania: czy jako policjant miałbyś wątpliwości, czy zarzuty wobec Moniki mają solidne podstawy?

J.S.: Jako policjant wiedziałbym, że taka grupa nie miałaby racji bytu. I na pewno na jej czele nie mogłaby stać Monika. Wiedziałbym, że coś tu śmierdzi, i zacząłbym szukać tego, komu zależałoby na utopieniu żony Słowika. Oczywiście, najbardziej zainteresowałbym się świadkiem koronnym, który ją pogrążył. A tak się składa, że był nim jej „przyjaciel"...

ROZDZIAŁ 10

Mission impossible – czyli oddzielanie prawdy od fałszu

Przypuszczenia Masy potwierdza człowiek, który o wojnie ze środowiskiem przestępczym wie więcej niż inni. Brał w niej udział po obu stronach barykady, jako policjant, który pod przykrywką przeniknął do jednego z najgroźniejszych gangów. Był zatem w środku mafijnego świata.

Jan Fabiańczyk, znany szerzej jako Majami, pojawił się w grupie mokotowskiej już po rozbiciu Pruszkowa, a więc w czasie, gdy Andrzej H. „Korek" i jego ludzie osiągnęli szczyt mafijnej potęgi. W Warszawie nie było formacji, która mogłaby zagrozić dominacji Mokotowa.

Przeniknięcie do tej grupy stanowiło naprawdę ogromne wyzwanie, bo jej szefowie nie ufali swoim żołnierzom, a już na pewno nie tym, którzy dopiero się w niej pojawili. Ci, na których padło podejrzenie o współpracę z policją albo z mafijną konkurencją, mogli skończyć tragicznie – jak choćby Łysy Bartek, opisany w serii *Masa o polskiej mafii*, który przez lata pracował dla ekipy Korka. Ale gdy wszedł w konflikt z kierownictwem grupy, znikł bez śladu. Majami ryzykował więc bardzo wiele.

Ale obecność w grupie, przy jednoczesnym dostępie do materiałów policyjnych, dała mu rzeczywistą wiedzę na temat układu sił w polskiej mafii po 2000 roku.

Jego historia stała się inspiracją dla scenarzystów filmu *Pitbull*; grany przez Piotra Stramowskiego przykrywkowiec Majami to filmowe alter ego Fabiańczyka. Czy odzwierciedlające prawdę o niebezpiecznej misji?

To już zupełnie inna sprawa.

* * *

Artur Górski: W jakim czasie latałeś u Korka?

Jan Fabiańczyk „Majami": Mniej więcej w latach 2004–2006. Wystarczająco długo, żeby zdobyć sporą wiedzę na temat tej grupy.

A.G.: Czy to oznacza, że byłeś blisko szefów?

Majami: A co to znaczy: „być blisko szefów"? Albo jesteś jednym z nich, albo obstawiasz gangsterskie doły. I to jest bezpieczna lokalizacja, przynajmniej z punktu widzenia człowieka, który przeniknął do grupy po to, by pomóc ją rozbić. Im mniej o tobie wiedzą bossowie, tym dla ciebie lepiej. Im bardziej kozaczysz, im bardziej rzucasz się w oczy, tym bardziej zaczynają ci się przyglądać i cię sprawdzać. Zawsze wtedy pada pytanie: „A kto to, kurwa, jest? Z czyjego polecenia?".

Uwierz mi, że w każdym życiorysie da się znaleźć jakąś lukę, jakiś słaby punkt. Nawet jeśli miałem dobrą legendę, stworzoną przez służby, gdyby zaczęli węszyć, w końcu na czymś by mnie złapali. Dlatego wcale nie starałem się nikomu imponować – robiłem swoje i nie wyskakiwałem przed szereg. Zresztą bossowie Mokotowa ufali tylko tym, którzy zakładali gang pod koniec lat 80. Wszyscy inni byli po prostu trybikami w machinie, które można było łatwo usunąć i zastąpić nowymi.

Ta nieufność w stosunku do żołnierzy nasiliła się po tym, jak służbom udało się przejąć 300 kilogramów kokainy, która w styczniu 2003 roku przypłynęła do Polski z Ameryki Południowej. Odbiorcą mieli być mokotowscy. Było jasne, że cynk o ładunku musiał pochodzić z wnętrza grupy. Dla Korka to była prawdziwa tragedia – wartość przemytu miała sięgać pod 80 milionów dolarów. Chłop już kombinował, jak zainwestuje taki hajs, a tu taka niespodzianka!

Wśród bossów szczególnie Sebastian L., pseudonim Lepa, był nieufny wobec podwładnych. Ogólnie starałem się nie wchodzić mu w drogę.

A.G.: Bossowie nie ufali dołom, ale na tych dołach zbudowali prawdziwą potęgę.

Majami: O tak. To była bardzo silna struktura, ale nie tylko dlatego, że dysponowała armią doskonale uzbrojonych ludzi. Zaskoczę cię – ta siła wynikała z bardzo intensywnej współpracy z... policją. Przecież sam Korek był kimś w rodzaju policyjnego agenta i miał, oczywiście do pewnego stopnia, przyzwolenie na to, co robił. Zresztą tuż po 2000 roku priorytetem policji była

Fot. Wojciech Surdziel/Agencja Gazeta

wojna z gangiem Mutantów (grupa, która odpowiadała za śmierć policjanta w podwarszawskich Parolach w 2002 roku oraz za tragiczne wydarzenia w Magdalence w 2003 – przyp. A.G.) i niemal wszystkie siły zostały rzucone na ten front. Mokotów trochę sobie odpuszczono, dzięki czemu ludzie Korka mogli bezkarnie przejmować miasto. Pod skrzydłami tej grupy znajdowało się wiele mniejszych struktur, które wkładano do jednego worka z napisem „Mokotów". Choćby tzw. gang obcinaczy palców. Ale prawdziwy Mokotów to było najbliższe otoczenie Korka.

A.G.: Pruszków też dawał coś w rodzaju franczyzy różnym grupom rozrzuconym po kraju.

Majami: Dokładnie. To się wszystkim opłacało. Franczyzobiorca miał ułatwione zadanie i szybko rozwijał skrzydła, ale oczywiście odprowadzał dolę szefom Mokotowa. Dużą dolę!

A.G.: Od czego zaczynał Mokotów?

Majami: Od automatów do gry, i to w ograniczonym zakresie. Dopiero z biegiem lat, zwłaszcza po rozbiciu Pruszkowa, mokotowscy poszerzyli swój repertuar o narkotyki, wymuszenia i w sumie o cały arsenał gangsterskiego biznesu.

A.G.: O haracze z agencji towarzyskich?

Majami: W bardzo niewielkim stopniu. Mokotów, podobnie jak Pruszków, szybko sobie uświadomił, że to nie jest eldorado i lepiej koncentrować się na czymś, co przynosi fortunę, a nie kieszonkowe.

A.G.: Powróćmy do wątków współpracy gangsterów z policjantami.

Majami: Współpraca na tej linii jest stara jak świat, ale w tym wypadku nie chodzi o to, że policja miała w grupie swoich konfidentów. Raczej o to, że wielu funkcjonariuszy było na usługach Mokotowa; pamiętaj, że ta służba nigdy nie płaciła zbyt dobrze i pokusa dorobienia sobie do pensji była, niestety, czymś naturalnym. Dzięki temu Korek i *consortes* zawsze mieli informacje z pierwszej ręki o planowanych akcjach czy wjazdach. I byli w stanie uprzedzić cios.

A.G.: A czym ty zajmowałeś się w grupie?

Majami: Gangsterką. I niech ci to wystarczy. Ze względów oczywistych nie chcę zdradzać szczegółów operacyjnych, tym bardziej że nie mają one wielkiego znaczenia. Ważne, że byłem tam, gdzie krążyły interesujące mnie informacje.

A.G.: Czy z tych informacji na temat kryminalnego podziemia stolicy wynikało, że Monika Słowikowa miała realne szanse na stworzenie liczącej się grupy przestępczej po 2000 roku?

Majami: Dziś możemy sobie spekulować na każdy temat, także zorganizowanej grupy pod przywództwem Moniki Banasiak. Wtedy w ogóle coś takiego nie wchodziło w grę – Monika trzymała się z daleka od tej branży. I dobrze, bo gdyby próbowała w niej zaistnieć, skończyłoby się to dla niej źle. Nie dochodziły do mnie żadne sygnały świadczące o tym, że Słowikowa tworzy przestępczą strukturę.

A.G.: Masa twierdzi, że po upadku Pruszkowa miasto zostało zdominowane przez Mokotów i Ożarów. Każdy, kto próbowałby rzucić im wyzwanie, przegrałby z kretesem.

Majami: I to jest prawda! Wprawdzie po Pruszkowie pozostało coś w rodzaju legendy, ale to nie znaczy, że ktoś, kto był jej częścią, miał szansę na przetrwanie na mieście. Owszem, Słowikową otaczał mit żony słynnego bossa, ale ten mit, prawdę mówiąc, bardziej przeszkadzał, niż pomagał. No bo przecież to czysta przyjemność patrzeć, jak ktoś, kto przez lata stał na piedestale, nagle zaczyna spadać w dół. Tak naprawdę Monika była totalnie sama, na nikogo nie mogła liczyć, bo dawni sojusznicy albo poszli siedzieć, albo z dnia na dzień poznikali. Oczywiście, w teorii to mogło wyglądać zupełnie inaczej: Słowikowa ma kontakty, układy na różnych szczeblach, być może stoją za nią pruszkowscy żołnierze, którzy jakoś uniknęli aresztowania. Ba, być może ma gdzieś skitrane pieniądze męża. I pewnie mniejsi gracze wychodzili z takiego założenia, ale ci najważniejsi, tacy jak Mokotów czy Ożarów, nie wierzyli w bajki. Doskonale wiedzieli, że na ruinach Pruszkowa nikt już niczego nie zbuduje. Nie pozwoli na to ani policja, ani konkurencja. Jeśli nawet pozostały jakieś niedobitki Pruszkowa, to od razu leciały na służbę do tuzów, choćby do Klajniaka. Poza tym Monika musiałaby przejąć jakiś przestępczy biznes, a to nie wchodziło w grę. Prochy? Kto by ją dopuścił do prochów? Do zysku z automatów? Wolne żarty!

A.G.: Ale przecież zawsze można się dogadać z królem rejonu, lokalnym mustafą, a potem odpalać mu działkę.

Majami: Ale na trochę wyższym poziomie. To jest zawsze układ między partnerami. Niekoniecznie równymi sobie, ale jednak partnerami. Przez lata to działało tak: kiedy, na przykład, Warszawa chciała wejść w jakiś temat na Pomorzu, to wysyłała swojego rezydenta do tamtejszych szefów i przedstawiała swój biznesplan. Jeśli lokalny dominator nie widział w tym konfliktu interesów, wpuszczał gości na swój teren i miał z tego działkę. Monika nie była partnerem do takich negocjacji.

A.G.: Niezależnie od rzeczywistych zagrożeń, od tego, czy ktoś chciał Monikę pokazowo upokorzyć, czy nie, z pewnością musiał to być dla niej czas bardzo ciężki.

Fot. Sławomir Kamiński/Agencja Gazeta

Majami: Naturalnie! Musiała się odnaleźć w zupełnie nowych okolicznościach. Bezpieczny świat, w którym żyła i który oferował jej wszystkie dostępne przyjemności i zaszczyty, nagle upadł. Wszyscy, których znała i którym ufała, zniknęli. Pamiętaj, że Monika obracała się wyłącznie w środowisku pruszkowskim. Z innymi środowiskami przez te wszystkie lata straciła jakikolwiek kontakt. I nagle została sama jak palec, i musiała się uczyć żyć na nowo. I to ze świadomością, że jej bliscy spędzą jeszcze długie lata za kratami.

A.G.: Teoretycznie miała asa w rękawie – mogła pójść na układ z policją. Myślę, że z jej wiedzy chętnie skorzystaliby śledczy. To, być może, pomogłoby jej w tym trudnym czasie.

Majami: Owszem. Nikt tak naprawdę nie wiedział, ile Monika wie i czy przypadkiem jej mąż, tuż przed aresztowaniem, nie wyposażył jej w jakąś wiedzę, która mogłaby stać się dla niej polisą ubezpieczeniową. No ale, o ile wiem, nigdy taką wiedzą Monika się nie podzieliła. Tak jak nigdy nie była szefową grupy przestępczej!

A.G.: Tę legendę stworzył właściwie jeden człowiek. Monika miała jednak pecha, bo legenda doskonale wpisywała się w społeczne zapotrzebowanie: skoro rozwalamy Pruszków, to rozwalmy go do samego końca. Skoro siedzi Słowik, to niech też pójdzie za kraty Słowikowa.

Majami: Dokładnie. Swoje problemy z prawem Monika zawdzięcza Sproketowi, gangsterowi, który się na nią rozpruł. Choć nie jest to określenie precyzyjne, bo on nie tyle się rozpruł, czyli zeznał coś zgodnie z prawdą, ile zaserwował prokuraturze fikcję.

A.G.: Jaki miał w tym cel?

Majami: Cel wynikał ze statusu, jaki udało mu się uzyskać.

A.G.: Masz na myśli status świadka koronnego?

Majami: Tak. Choć w moim przekonaniu Sproket w ogóle nie powinien był go dostać. Ale ocena nie należy do mnie.

A.G.: Jak doszło do „ukoronowania" Sproketa?

Majami: Myślę, że Romek po rozbiciu Pruszkowa szukał sobie jakiegoś patentu na bezpieczeństwo. Wiedział, że ostrzą sobie na niego zęby nie tylko policjanci, ale i gangsterzy z konkurencyjnych grup. Być może ktoś mu przy wódzie opowiedział, jakie to jest słodkie życie świadka koronnego: hajsu w bród, całodobowa ochrona, życie jak w Madrycie, no i bezkarność. Niewykluczone, że namawiał go do tej decyzji także Masa. No i Sproket postanowił pójść na całość – zgłosił się do prokuratora i zaproponował, że jest gotów wiele ujawnić, ale w zamian za koronę.

– Co masz i na kogo? – padło pytanie.

– Na Słowikową – odparł.

Prokuratorowi pewnie zaświeciły się oczy: postawić przed sądem żonę bossa i jeszcze załatwić jej długoletnią odsiadkę, to było coś naprawdę dużego! A Sproket zaczął zeznawać – w jego wspomnieniach pojawiły się wymuszenia rozbójnicze, haracze i cały gangsterski repertuar. Zeznania wydawały się tak atrakcyjne, że Sproket został zaprzysiężony. Pamiętaj, że do otrzymania statusu koronnego potrzebna jest naprawdę gruba wiedza. Jeśli wiesz, kto obrobił kiosk albo budę warzywną, to raczej nie masz co startować po status.

A.G.: No ale zeznania jednej osoby, czy raczej pomówienia, to chyba za mało, żeby kogoś posadzić.

Majami: Trzeba przyznać, że prokuratura nie miała wtedy łatwego zadania. Oddzielenie prawdy od fałszu było wręcz niemożliwe. W tamtym czasie wielu kryminalnych samotnych strzelców krążyło po mieście i dokonywało przestępstw rzekomo

Fot. Bartosz Krupa/ East News

w imieniu większych struktur. Na przykład w imieniu groźnej grupy Bryndziaków, która jeszcze wtedy była na wolności. Ktoś szedł wymusić haracz i mówił, że przychodzi na polecenie Bryndziaka. Zapewniam, że mało kto sprawdzałby prawdziwość tej informacji. Nie można wykluczyć, że niektórzy udawali posłańców Moniki, a poszkodowani szli na policję i skarżyli się, że gnębi ich Słowikowa.

Takie „bujanie się na patencie" okazywało się niezwykle skuteczne. Być może bujał się na nim także Sproket.

A.G.: A potem zeznał o tym prokuraturze.

Majami: Tak, akcentując to, że był jedynie ramieniem Moniki i to ona powinna odpowiedzieć przed sądem. Rzecz w tym, że zeznania Sproketa brzmiały z czasem coraz mniej wiarygodnie i żadne inne źródło ich nie potwierdzało. Aż w końcu prokuratura straciła cierpliwość i zażądała czegoś naprawdę mocnego. A tego czegoś Sproket w rękawie nie miał.

Jak długo jesteś w stanie konfabulować? Prokurator zna większość bajek na pamięć i wie, kiedy ktoś je opowiada. Mówiąc krótko, Sproket przyznał się, że był przestępcą, a nie był w stanie udowodnić winy swojej rzekomej szefowej. Co gorsza, przestał się pojawiać na rozprawach, co przecież było jego obowiązkiem, czym do reszty podważył swoją wiarygodność. No ale zafundował Monice całkiem długi pobyt za kratami.

A.G.: Mimo że prokuratura nie dała wiary jego zeznaniom? Mam wrażenie, że nie ogarniam umysłem naszego wymiaru sprawiedliwości!

Majami: Bo jednak sprawdzić trzeba wszystko. A Romek, jak wystrzelał się z jednej amunicji, to sięgał po następną i wymyślał kolejne historie. Prokuratura musiała zatem weryfikować jego rewelacje, szukać innych świadków i dowodów, a to wymaga czasu. Skończyła się praca operacyjna, a zaczęła procesowa, a to zupełnie inna para kaloszy. Obawiając się, że Monika zechce mataczyć i zastraszać świadków, sąd wydał decyzję o jej aresztowaniu. Tak to, niestety, działa. W sumie trudno cokolwiek zarzucić organom ścigania i wymiarowi sprawiedliwości, a jednak... Monikę trudno będzie przekonać do tej wersji. Bo to ona odsiedziała grubo ponad dwa lata za nic. A przynajmniej według mojej wiedzy – za nic.

ROZDZIAŁ 11

„Pobawi się tobą, a potem o tobie zapomni"

Artur Górski: Teraz chciałbym zadać ci pytanie być może dla ciebie najtrudniejsze. Dlaczego rozstałaś się z Andrzejem i odeszłaś do innego mężczyzny? Z tego, co opowiadasz o swoim życiu ze Słowikiem, to – choć nie brakowało w nim momentów dramatycznych – nie było ono najgorsze.

Monika Banasiak: Dlaczego odeszłam? Przygotuj się na długą odpowiedź, bo to złożona historia i wiele motywów. Prawdę mówiąc, ja sama po dziś dzień stawiam sobie to pytanie i szukam jednoznacznej odpowiedzi.

A.G.: Ale nie żałujesz swojej decyzji?

M.B.: W żadnym wypadku. Tak widocznie musiało się stać. Czasami słyszę, że odeszłam od Andrzeja, kiedy tylko trafił za kratki, bo postanowiłam skorzystać z okazji i urządzić sobie życie na nowo. Ale to nieprawda. Rozstałam się z mężem po sześciu latach jego odsiadki. Przez długi czas w ogóle nie przychodziło mi do głowy, że mogę zainteresować się jakimś innym facetem.

A.G.: Co takiego zatem się wydarzyło, że jednak się zainteresowałaś?

M.B.: Poznałam kogoś...

A.G.: Wadima?

M.B.: Tak naprawdę to on ma na imię Wladislaw. Ale ja na niego mówiłam Wadim. I tak już zostało.

A.G.: Gdzie się poznaliście?

M.B.: W areszcie. Wiem, to brzmi niewiarygodnie, ale to prawda. W ogóle mój związek z Wadimem to ciąg nieprawdopodobnych zdarzeń, jak z nieco kiczowatego filmu.

A.G.: Pozwól, że ja to ocenię. A zatem jak się poznaliście?

M.B.: To był bodaj 2005 rok. Andrzej siedział za kratkami już od prawie pięciu lat. Wadim też zresztą siedział. Co zabawne, obaj znajdowali się w tym samym zakładzie karnym na Koziej Górze w Radomiu. Ja byłam sama i coraz trudniej radziłam sobie z – wybacz lekki patos – wyzwaniami codzienności. Oczywiście tak często, jak tylko mogłam, jeździłam do Andrzeja i wspieraliśmy się słowem, bo inne wsparcie nie wchodziło w grę. On musiał sobie dawać radę pod celą, ja na wolności.

Miałam w tamtym czasie znajomego Ukraińca, który szukał mieszkania, a ja mu w tym pomagałam. Pewnego dnia jechaliśmy gdzieś moim złotym bmw, prawdopodobnie oglądać jakiś kolejny dom, gdy ktoś do niego zadzwonił. To był Wadim, którego jeszcze wówczas nie znałam. Dzwonił „ze ściany", z jakąś sprawą, z Radomia.

Mój znajomy mu się pochwalił: „Wiesz, kto siedzi obok mnie, za kierownicą? Nie uwierzysz – Monika, żona Słowika". A wtedy Wadim – a raczej jeszcze wtedy Wladislaw – poprosił, żeby przekazać mi telefon. Chciał ze mną porozmawiać.

A.G.: Rozumiem, że tak po prostu zapragnął zamienić kilka słów z żoną słynnego bossa...

M.B.: Nie tylko! Nie było owijania w bawełnę, od razu przeszedł do rzeczy – wyznał, że bardzo mu się podobam, że jest mną zauroczony, że imponuje mu moja walka o dobre imię męża. Okazało się, że oglądał program *Pod napięciem*, w którym występowałam, starając się przekonać widzów o niewinności mojego męża. Mówił do mnie pięknym głosem ze wschodnim zaśpiewem, starannie dobierał słowa, był opanowany i uprzejmy. Przyznał, że od dawna interesuje się moją osobą.

A.G.: Ale rozumiem, że żadnych miłosnych wyznań jeszcze nie było?

M.B.: Nie, ale emocje już wirowały w powietrzu. Rozmowa nie była długa. Wadim – trzymajmy się tego imienia, bo krótsze – zapytał, czy może się ze mną od czasu do czasu kontaktować. Odparłam, że nie ma problemu i że nasz wspólny znajomy może być pośrednikiem. Wadim najwyraźniej nie chciał żadnych pośredników, jednak przez długi czas nie dawał znaku życia; prawdopodobnie

Fot. Wojciech Królak/Agencja Gazeta

był wożony po kraju w związku z różnymi procesami i nie mógł dzwonić nawet do swojego przyjaciela.

Ale w życiu co ma być, to będzie. Pewnego dnia zjawił się u mnie mecenas Milej, znakomity prawnik, który zresztą uratował Andrzeja od wyroku w sprawie śmierci generała Papały. Powiedział, że był u swojego stałego klienta, który odsiaduje wyrok w Radomiu, i że ten klient bardzo chce się ze mną skontaktować. Czy może dać mu mój numer telefonu? Wiedziałam, że nie chodzi o Andrzeja, bo mój mąż został już przeniesiony do aresztu śledczego w Warszawie przy Rakowieckiej. Zresztą Andrzej nie robiłby takich cyrków, bo i po co? Ale nie miałam pojęcia, że tym nieznajomym jest Wadim.

No i wkrótce potem zadzwonił. Zapytałam, w czym mogę mu pomóc, bo sądziłam, że tak naprawdę chodzi o jakąś przysługę, a on ponownie zapytał, czy może do mnie dzwonić. Wyznał, że chce mi opowiedzieć o swojej fascynacji moją osobą.

A.G.: Moniko, jeśli nie ma jeszcze takiego terminu jak „harlequin penitencjarny", to może wprowadzimy go do obiegu?

M.B.: Nie żartuj sobie! Tym bardziej że to historia bez happy endu. Przeciwnie, spowodowała wielkie zamieszanie w moim życiu. I nie tylko w moim.

A wracając do rozmowy z Wadimem... Wyczułam, że chciałby się jakoś do mnie zbliżyć, więc od razu spróbowałam ściągnąć go na ziemię, mówiąc, że mam męża, którego kocham i któremu jestem wierna. On doskonale o tym wiedział, ale i tak zapowiedział, że będzie do mnie dzwonił. Jako że miał pod celą telefon – nie pytaj, jak to się robi; po prostu miał – miał bardzo ułatwione zadanie. I rzeczywiście, dzwonił niemal każdego dnia. I nie były to krótkie zdawkowe rozmowy, ale telefoniczne epopeje, trwające nawet po dziewięć godzin dziennie. Jako że siedział w celi jednoosobowej, nie musiał się krępować. Oglądaliśmy razem filmy, komentowaliśmy je, gotowaliśmy, słuchaliśmy muzyki. Oczywiście wszystko to w przenośni – często to tylko ja oglądałam film, a on, za pośrednictwem telefonu, przeżywał go razem ze mną. Gdy przygotowywałam jakąś potrawę, on sugerował własne przepisy, jakieś sposoby na doprawienie dania. Gdy pojechałam na narty, on zjeżdżał ze stoku razem ze mną. Gdy byłam nad morzem, słyszał szum fal. Doradzał mi, jaką sukienkę powinnam sobie kupić i jakimi perfumami mogłabym pachnieć. Kiedyś oglądaliśmy film

Kasyno Martina Scorsese, a jemu bardzo się spodobała błękitna koszula, jaką miał na sobie Robert De Niro. Powiedziałam: „Jak wyjdziesz na wolność, kupię ci taką samą".

Czy już jest kiczowato, czy jeszcze nie?

A.G.: Powiedzmy, że został osiągnięty wysoki pułap romantyzmu.

M.B.: Wobec tego podnieśmy poprzeczkę. Wadimowi zdarzało się recytować mi wiersze. Znał na pamięć poematy Jesienina czy Achmatowej i pięknie je deklamował.

Nawet jeśli początkowo sobie tego nie uświadamiałam, z każdą taką rozmową pogrążałam się w uczuciu do niego coraz bardziej.

A.G.: Ale Andrzeja nie zaniedbywałaś?

M.B.: Oczywiście, że nie. Jeździłam do niego, pisałam listy, wysyłałam paczki. Zachowywałam się jak każda dobra żona osadzonego. W przeciwieństwie do Wadima Andrzej nie miał komórki pod celą, bo gdyby miał i gdybym musiała toczyć konwersacje na dwa fronty, pewnie bym oszalała.

Telefoniczny romans z Wadimem trwał mniej więcej rok. Tyle czasu potrzebował, aby wreszcie wyznać mi miłość. I opowiedział mi swoją historię. Po wyjściu z którejś z odsiadek, a miał ich kilka na koncie, poznał dziewczynę, Polkę. Byli razem dwa lata, ale gdy znów trafił za kratki, ukochana go porzuciła. Zanim jednak to się stało, odwiedziła go w zakładzie karnym, a on jej powiedział rzecz następującą: „Gdybyś była taka jak Monika Słowikowa, ja bym ci nieba przychylił".

Być może dziewczyna uznała, że Wadim to jednak kiepska inwestycja emocjonalna – nie dość, że siedzi w więzieniu, to jeszcze się durzy w innej babie. I odeszła.

A.G.: A skąd on wiedział o tobie?

M.B.: Z tego programu telewizyjnego, o którym ci wspominałam. Zaimponowała mu moja walka o Andrzeja, a na dodatek spodobałam mu się fizycznie. Pewnego dnia wpadł mu w ręce egzemplarz „Super Expressu", w którym był wywiad ze mną. Jego tytuł brzmiał *Niczego nie żałuję*. Ponoć treść zrobiła na Wadimie duże wrażenie. Nie tylko zresztą treść – w gazecie było też moje duże zdjęcie w czarnym kożuchu. Wadim wyciął je i nosił przy sobie niemal jak relikwię. Kiedy się już spotkaliśmy, pokazał mi to zdjęcie. Było mocno sfatygowane i poklejone przezroczystą taśmą.

A.G.: Po roku tego telefonicznego romansu nadszedł chyba czas, żebyś zweryfikowała swoje wyobrażenia o tym mężczyźnie? Na pewno chciałaś wiedzieć, jaki jest w bezpośrednim kontakcie.

M.B.: Tak też mu powiedziałam. Owszem, znałam go z jego własnego opisu i wiedziałam, że jest wysokim blondynem o błękitnych oczach, ale ta wiedza mi nie wystarczała. Chciałam osobiście poznać człowieka, który deklarował wobec mnie miłość. Nic w tym dziwnego. Zapowiedziałam się z wizytą, zaznaczając, że cała ta sytuacja – choć piękna i romantyczna – jest dla mnie nie do zniesienia. Kochałam męża, ale moje uczucie do Wadima rosło z dnia na dzień. Obaj moi mężczyźni byli za kratkami i z żadnym nie mogłam być w stu procentach sobą.

A.G.: Wybacz mi bardzo osobiste pytanie... Czy braliście pod uwagę tak zwane spotkanie intymne? Coś, do czego osadzeni mają prawo.

M.B.: W żadnym wypadku. I to nie tylko z mojej strony. Także Wadim powiedział, że coś takiego nie wchodzi w grę. Chcieliśmy się poznać, spojrzeć sobie w oczy, a nie skorzystać z uciech przewidzianych przez więzienny regulamin.

A.G.: Opowiedz o tej wizycie.

M.B.: Już na bramie radomskiego więzienia usłyszałam od funkcjonariuszy: „O, witamy panią Monikę". Niektórzy dziwili się, że przyjechałam, bo przecież wiedzieli, że Andrzej został już przeniesiony do Warszawy. Wszyscy chcieli wiedzieć, kogóż to odwiedzam i dlaczego. Mój stres był podwójny, bo przecież w tym czasie w Radomiu przebywał jeden z szefów Pruszkowa, Mirek D. „Malizna". Oraz Rysiek Sz. „Kajtek", a także boss z Ząbek, Dziad.

A.G.: No, jeśli chodzi o tego drugiego, to chyba nie obawiałaś się, że przekaże cynk Słowikowi? Mówiąc oględnie, panowie niezbyt się lubili.

M.B.: Skoro jesteśmy przy Dziadzie, to mała dygresja. Jak wiesz, Dziad wydał książkę zatytułowaną *Świat według Dziada*, w której opisał własną wersję wojny z Pruszkowem. I ta publikacja w swoim czasie nieźle namieszała na rynku wydawniczym. Ale mało kto wie, że Dziad napisał w Radomiu drugą część, a mnie poprosił o znalezienie wydawcy. Wyobrażasz to sobie? Żona Słowika jako agentka literacka Dziada, największego wroga jej męża! Ale kiedy poznaliśmy się z Dziadem na Koziej Górze, przy okazji moich odwiedzin u męża, emocje już dawno opadły. Oczywiście zgodziłam się, a za jakiś czas dostałam rękopis i zaczęłam szukać wydawcy. Tyle że nie udało mi się to od razu. Zresztą zaraz potem zabili syna Henryka N., Mrówę, potem trafiłam do aresztu, a gdy wyszłam, rękopisu już nie było wśród rzeczy, które pozostawił mi Andrzej. Mam świadomość, że drugi tom książki Dziada to nie *Rękopis znaleziony w Saragossie*, ale jednak gdyby się okazało, że został odnaleziony, byłoby ciekawie.

Tyle o Dziadzie. Wracam do odwiedzin u Wadima.

Nie miałam pojęcia, jak wygląda, więc umówiliśmy się, że gdy wejdę do kantyny, on wstanie. I rzeczywiście, gdy przekroczyłam próg pomieszczenia, w którym mieliśmy się poznać, nagle uniósł się od jednego ze stolików potężny, bardzo przystojny młodzieniec. Nie miałam wątpliwości, że to właśnie on. Był ubrany w strój „kazionny", czyli więzienny, a jednak wyglądał w nim doskonale. Kurtka leżała na nim jak ulał, a spodnie były zaprasowane w kant.

Zaległa cisza jak makiem zasiał. Wszyscy byli ciekawi, dlaczego Słowikowa spotyka się z tym Ukraińcem. Co ich łączy, jakie mają wspólne sprawy?

Usiedliśmy naprzeciwko.

– Czy tak mnie sobie wyobrażałaś? – zapytał.

Odparłam, że trochę inaczej, jeśli chodzi o szczegóły, ale w sumie jest zbliżony do mojego wyobrażenia. Wiesz, uważam, że podczas tej wizyty oboje byliśmy mocno stremowani, a poza tym gonił nas czas. Mieliśmy jedynie godzinę na rozmowę, więc zachowywaliśmy się mniej naturalnie niż podczas rozmów telefonicznych. Niczego nie ustalaliśmy, nie rozstrzygaliśmy. Po prostu głównie patrzyliśmy na siebie. Ale kiedy wracałam samochodem do domu, w mojej głowie rozpoczęła się gonitwa myśli. Nie wiedziałam, co zrobić, sytuacja mnie przerastała. Wiedziałam natomiast, że to rozdwojenie jaźni nie może trwać w nieskończoność.

Postanowiłam o wszystkim opowiedzieć Andrzejowi.

A.G.: Skoro podjęłaś taką decyzję, to znaczy, że zaczynałaś się skłaniać w stronę Wadima. Gdyby to miał być jedynie epizod bez ciągu dalszego, nie informowałabyś o nim męża.

M.B.: Ja nie kalkulowałam. Po prostu musiałam to z siebie wyrzucić przed Andrzejem. Zresztą on mi to trochę ułatwił, bo kiedy przyszłam do niego na widzenie, od razu mnie zapytał: „U kogo byłaś w Radomiu?". Przyznałam się, że byłam u Wadima. Wtedy Andrzej zadał kolejne pytanie: „A w jakim celu?". Zaczęłam kluczyć. Nie miałam odwagi wyznać, że chciałam poznać człowieka, który jest we mnie zakochany, a ja w jakimś stopniu odwzajemniam to uczucie. Powiedziałam, że prosił mnie o pomoc, że przyjeżdża jego brat i chciałby mu przekazać talon na paczkę. Coś w tym stylu. Ale Andrzej wyczuwał, że coś kręcę, a prawda leży zupełnie gdzie indziej. Jednak uznałam, że to nie jest jeszcze ten moment, aby wykładać karty na stół.

Jakiś czas potem, pamiętam, że była Wielkanoc, dostałam od Wadima kartkę. Składał mi życzenia świąteczne, a sobie życzył, aby... móc mnie zobaczyć w mokrym podkoszulku. W sumie to życzenie wpisywało się w klimat śmigusa-dyngusa, ale przyznaj, było dość śmiałe i jednoznaczne.

Tyle że ja wcale nie byłam pewna, czy chcę mu taką atrakcję zapewnić.

Niedługo później zadzwonił do mnie na komórkę z prośbą, abym przyjechała do niego do więzienia. Akurat jechałam moim bmw na Rakowiecką, do Andrzeja, i myślami byłam przy moim mężu. Dość chłodno powiedziałam Wadimowi, że nie zamierzam go już więcej odwiedzać. A on krzyknął: *Sołneczko, prijezżaj po mienia, ja wychażu iz tiurmy!*

Z wrażenia omal nie wjechałam w samochód przede mną. Musiałam zjechać do krawężnika i zebrać myśli. Ręce mi się trzęsły, serce waliło jak oszalałe.

Wyobrażasz sobie? Facet, który miał przed sobą jeszcze wiele lat odsiadki, stanął przed komisją penitencjarną i sędzina, która widocznie miała dobry dzień, uznała, że odbył już karę i może wyjść na wolność.

Gdy spotkałam się z Andrzejem, od razu wyczuł, że jestem zdenerwowana. Powiedziałam mu, że spieszyłam się i to wszystko. Ale myślami byłam przy Wadimie, który zaraz miał wyjść na wolność.

A.G.: Podejrzewam, że gdyby nie ta decyzja komisji penitencjarnej, twoje życie mogłoby się potoczyć inaczej. Nie odwiedziłabyś już Wadima, wasze kontakty pewnie stałyby się z czasem coraz bardziej zdawkowe i na tym romans by się zakończył.

M.B.: Ja też tak uważam, ale życie pisze własne scenariusze, w których my musimy jakoś odgrywać swoje role. W roli, którą dostałam, przewidziany był mój wyjazd do Radomia. I rzeczywiście, pojechałam po Wadima. Bo gdybym mu odmówiła, byłoby to głupie.

A.G.: A potem życie zatoczy koło i to ciebie Wadim będzie odbierał spod bramy zakładu karnego.

M.B.: Tak, ale wiele lat później.

Nasze spotkanie na radomskiej Koziej Górze to scena jak z filmu sensacyjnego. Pojechałam do więzienia samochodem, szykownie ubrana, wymalowana, wysztafirowana, pachnąca… No wiesz, taka atrakcja dla gościa wychodzącego z paki po siedmiu latach odsiadki. Miałam też ze sobą szampana i dwa kieliszki. Chciałam, aby ten moment był jak najbardziej uroczysty.

Ale gdy parkowałam pod więziennym murem, zorientowałam się, że coś jest nie tak. Za plecami miałam samochody antyterrorystów, najwyraźniej gotowych do akcji. „Czarni" pod więzieniem? Albo w chliwie wybuchł jakiś bunt, albo będą kogoś zdejmować. Tylko kogo? Przecież ludzie, którzy wychodzą z więzienia, są już rozliczeni z wymiarem sprawiedliwości.

Czyżby chodziło o Wadima? Pomyślałam sobie wtedy: „Trudno, skoro mają go zdjąć, to niech to się stanie z przytupem". Postawiłam szampana na dachu bmw i rozkręciłam muzykę na full.

A teraz posłuchaj, jak to wyglądało z punktu widzenia Wadima, który załatwiał ostatnie formalności i za chwilę miał wyjść na wolność. Gdy podszedł do okienka straży, usłyszał rozmowę telefoniczną funkcjonariusza Służby Więziennej. Padły wówczas słowa: „On ma paszport, ale już nieaktualny, więc jak tylko wyjdzie na wolność, zawijacie go i wieziecie na dołek".

Wyobrażasz sobie, co ten chłopaczyna musiał wówczas przeżyć? Wychodził na wolność na nogach z waty, spodziewając się, że zaraz usłyszy: „Policja! Na glebę!". Podjął wówczas decyzję, że łatwo im nie pójdzie. Chciał walczyć i uciekać.

A.G.: I co? Usłyszał: „Policja! Na glebę!"?

M.B.: Oczywiście, że nie. Bo… to była ekipa filmowa, która realizowała jakąś scenę do programu telewizyjnego. A jak wiesz, sceny często się powtarza. Na strachu się skończyło.

Potem wielokrotnie Wadim wracał do tamtej chwili, wspominając: „Nawet nie wyobrażasz sobie, jaki to był widok! Ty w wieczorowej kreacji, szampan na dachu bmw, a za twoimi plecami ekipa szturmowa. I jeszcze muzyka na cały regulator! Czysty surrealizm".

A.G.: Skoro Wadim nie został zawinięty przez „czarnych", gdzie się podział po wyjściu z więzienia? Miał jakieś mieszkanie? Jakichś przyjaciół?

M.B.: Pytasz, choć doskonale wiesz, że mógł liczyć jedynie na mnie. Miałam mu odmówić? Człowiekowi, który naprawdę nie ma się gdzie podziać? Ale zanim pojechaliśmy do mnie, powiedział: „Moniko, przez siedem lat marzyłem o tym, żeby stanąć boso na trawie i objąć drzewo". To się może wydawać śmieszne, ale tylko tym, którzy nigdy nie wychodzili zza krat po długiej odsiadce. Zawiozłam go więc do najbliższego lasu, gdzie Wadim spełnił swoje marzenie. Kiedy obejmował dąb czy brzozę, już nie pamiętam, co to było, oboje mieliśmy łzy w oczach.

A potem zaprosił mnie na kawę. Oczywiście nie było go stać na Marriotta czy Bristol, więc zadowoliliśmy się wizytą na stacji benzynowej. I w końcu wylądowaliśmy u mnie, gdzie okazało się, że liczba gości wkrótce wzrośnie, bo następnego dnia mieli przyjechać rodzice Wadima i brat z Czerkasów. Zgodziłam się, aby zamieszkali w moim domu.

Tej nocy nie spaliśmy, tylko gadaliśmy do rana, pijąc hektolitry 12-letniego chivasa. Ja nie mam zbyt mocnej głowy i niewiele trzeba, aby urwał mi się film, ale tym razem w ogóle nie czułam alkoholu. Tak bardzo buzowały we mnie emocje.

Następnego dnia uświadomiłam sobie, że w mojej szafie wisi jego koszula, a w mojej szklance w łazience znalazła się jego szczoteczka do zębów. I to był ten moment, kiedy klamka zapadła.

Każdy następny tydzień był potwierdzeniem tego wyboru – zaczęłam się czuć bezpiecznie, było mi wygodnie i dobrze. Miałam świadomość, że u mojego boku stoi mężczyzna, przy którym nic złego nie może mi się stać. A był to czas wyjątkowo dla mnie nieprzyjemny: ciągle ktoś czegoś ode mnie chciał, dostawałam sygnały, że ktoś chce mnie porwać, skrzywdzić moje dziecko. Nawet jeśli nie wszystkie te informacje niosły za sobą rzeczywiste zagrożenie, ja czułam się zaszczuta. I nareszcie znalazłam opiekuna.

Wspominałam ci, że jedną z grup, która chciała mnie uprowadzić, był Mokotów. Doszło wtedy do spotkania w hotelu Fryderyk Chopin pomiędzy mokotowskimi a Wadimem. Pojechał na tę rozkminkę sam i ostrzegł gangsterów Daksa: „Jeśli Monice spadnie choćby włos z głowy, rozjadę was wszystkich czołgami. Ja nie żartuję, w tych sprawach w ogóle nie mam poczucia humoru". Dodał jeszcze, że oni mają psi obowiązek uszanować fakt, że jestem żoną legendarnego bossa, Słowika. Nawet jeśli teraz jestem z nim – Wadimem – związana.

Poskutkowało. Może mokotowscy znali historię bitwy pod Kurskiem, gdzie radzieckie czołgi zgniotły hitlerowskie tygrysy?

A.G.: Czy Wadim uważał, że jest już pozamiatane? Że wyrwał cię z rąk Andrzeja i wystarczy tylko dopełnić formalności?

M.B.: Nie. On miał poczucie, że jest ze mną tu i teraz. Ale ciągle podkreślał, że kobiety nie da się zmusić do bycia w związku. Kiedy Andrzej wyjdzie na wolność, dopiero wtedy wybiorę tego, z którym pozostanę.

A.G.: A jednak podjęłaś decyzję znacznie wcześniej.

M.B.: Tak. Poinformowałam o tym Andrzeja podczas kolejnych odwiedzin w więzieniu. Było piękne lato, doskonale pamiętam. Przyjął to dość chłodno i z pewną klasą. Poprosił, abym dobrze to przemyślała, wzięła pod uwagę wszystkie aspekty takiej decyzji, od rodzinnego po finansowy. Powiedział: „Monika, ja ci wszystko wybaczę, ratuj nasze małżeństwo".

Dodał jeszcze, choć nie dam głowy, czy to było podczas tamtego widzenia, że ja się jeszcze na tym związku z Wadimem bardzo sparzę.

A.G.: Co Słowik miał na myśli?

M.B.: Powiedział mi: „To jest Ukrainiec, on cię nigdy tak naprawdę nie będzie kochał i szanował. Poza tym jest znacznie młodszy od ciebie. Pobawi się tobą, a potem znajdzie sobie inną i o tobie zapomni".

A.G.: Ale ty nie brałaś pod uwagę takiego scenariusza, prawda?

M.B.: Wierzyłam, że Wadim mnie kocha i że tak już będzie zawsze. Wtedy znałam tylko jasne strony jego natury.

Zresztą zawsze wolałam młodszych facetów; Andrzej był jedynym rówieśnikiem w moim życiu. Większość facetów kiepsko się starzeje – źle wyglądają, nie ma o czym z nimi rozmawiać, są nudni jak flaki z olejem albo raczej jak browar i gazeta. A w łóżku to już zupełna katastrofa. Inna sprawa, że na facetach, i na samcach alfa, i na ciepłych domatorach w kapciach, generalnie się zawiodłam.

A.G.: Ale z Andrzejem chyba się nie nudziłaś?

M.B.: Nie, bo Andrzej to nie jest typ ramola. Ale nie zawsze było kolorowo. Andrzej nigdy nie był łatwym partnerem. Wprawdzie można było na nim polegać, ale niełatwo było do niego dotrzeć, do jego myśli, intencji, planów. A Wadim to serce na dłoni... Tak mi się wydawało. Tak samo jak wierzyłam, że miłość może zmienić mężczyznę, nawet takiego z poharatanym życiorysem. A to nieprawda. Facet jest w stanie udawać odmienionego, ale w gruncie rzeczy pozostaje sobą. A jeśli ma za sobą długą odsiadkę, tak jak Andrzej czy Wadim, to kontakt z nim będzie bardzo trudny. Wiesz, więzienie podnosi w człowieku poziom egoizmu, wyrabia umiejętność dbania wyłącznie o siebie. To bardzo wymagająca szkoła przetrwania, po której już nie wraca się do siebie sprzed wyroku. A to odbija się na związku z kobietą. No ale kiedy informowałam Andrzeja o swoim wyborze, on był tam i nie było wiadomo, kiedy wyjdzie, a Wadim był tu. Musisz przyznać, że to wielka różnica!

A.G.: Andrzej dał ci czas na przemyślenie tej decyzji...

M.B.: Uwierz mi, że biłam się z myślami. Ale kiedy w końcu znów pojawiłam się na Rakowieckiej, powiedziałam mężowi, że nieodwołalnie odchodzę. Dodałam, że zawsze będę go kochać, że zawsze może na mnie liczyć, ale... Coś się skończyło.

A.G.: Jak zareagował? Tak jak Franz Maurer w filmie *Psy*, który mówi do niewiernej kochanki: „Nie chce mi się z tobą gadać"? Czy bardziej emocjonalnie?

M.B.: W filmach jest czasami trochę prawdy o życiu. Powiedział, że nie chce mnie więcej widzieć. I nawet jeśli jeszcze kiedyś przyjadę na widzenie, to on do mnie nie wyjdzie.

ROZDZIAŁ 12

Pomówić łatwo, ale bezkarnie się nie da

Jarosław Sokołowski „Masa": Nigdy nie wypierałem się tego, że byłem przestępcą i mam na sumieniu różne grzechy. Tak samo Monika nie zaprzecza, że była związana z gangsterem i dlatego jej życie przez lata 90. było o wiele bardziej atrakcyjne niż większości kobiet.

Ale okazuje się, że człowiek nigdy nie zdoła rozliczyć się z przeszłością, bo mu ciągle dopisują nowe winy. Nawet takie, których nigdy nie było, ale jakie to ma znaczenie? Jak się kogoś systematycznie obrzuca błotem, coś na pewno się przylepi.

Pomówienia to zaraza doby internetu – każdy może każdego wykąpać w szambie, a „najfajniejsze" jest to, że może to zrobić zupełnie bezkarnie. Niby żywotność takich pomówień nie jest najdłuższa, a ich wiarygodność jeszcze krótsza, ale jednak nie lubię, jak przypisuje mi się coś, czego nie zrobiłem. A już szczególnie kiedy przypisują mi to osoby, które mają, przepraszam za słowo, mocno zasyfione życiorysy.

Kiedy siedziałem cicho, głęboko ukryty przez Zarząd Ochrony Świadka Koronnego, nikt za bardzo mnie nie nękał. No bo po co? Czasem pojawiałem się w mediach jako ekspert od przestępczości, oczywiście w kominiarce i ze zmienionym głosem, ale nikt z tego powodu nie rozdzierał szat.

Ale kiedy seria *Masa o polskiej mafii* odniosła wielki sukces, zaczęło się: nagle znalazłem się na celowniku i tych, których znałem wcześniej, i tych, których nie widziałem na oczy. Pojawiły się całe koalicje moich wrogów, i to składające się zarówno z dziennikarzy, jak i z przestępców, ludzi uważających się za ekspertów od tematyki kryminalnej i totalnych leszczy, którzy wyczuli szansę na wychynięcie z mysiej dziury. No bo jednak dokopać Masie to jest coś! I to jeszcze bezkarnie.

Jednym z moich najbardziej zaciekłych wrogów jest redaktor P., dziennikarz pewnego opiniotwórczego tygodnika. Nawet jestem trochę dumny z faktu, że uczynił mnie jednym z głównych bohaterów tego pisma, gdzie artykuły na mój temat pojawiają się z zaskakującą regularnością. Rozumiem, że moja ksywka dobrze wpływa na sprzedaż, znacznie lepiej niż nazwiska profesorów czy polityków. Oczywiście P. Ameryki nie odkrywa, bo do tego trzeba trochę więcej pracowitości, lecz widać jego szczytem ambicji jest relacjonowanie na Facebooku tego, co dzieje się wokół mnie. I co każdy może sobie przeczytać.

Ale P. pisze też książki, których jestem bohaterem. Oczywiście bohaterem negatywnym, bo przecież redaktor nie spocznie, dopóki mnie nie pognębi. Kiedyś wydał książkę, w której oskarżał mnie o rozmaite niegodziwości, wspólnie z policjantem, który mnie zwerbował do współpracy, a któremu rzekomo złamałem karierę. Do akcji przeciwko mnie P. zaangażował wówczas byłego pruszkowskiego gangstera Sproketa, który przez pewien czas miał status świadka koronnego i który miał być wiarygodnym źródłem wiedzy na mój temat. Rzecz w tym, że w momencie, kiedy Sproket wypowiadał się do książki, nie miał już korony, bo organy ścigania zorientowały się, że mają do czynienia z konfabulantem. Ale dla P. było to bez znaczenia – oddał głos totalnie niewiarygodnemu gangsterowi, który bez skrupułów podważał autorytet funkcjonariuszy z ZOŚK-i i CBŚ-u.

Książka przeszła bez większego echa, więc P. podjął kolejną próbę – tym razem napisał książkę razem z Moniką Banasiak, licząc, że ona, wówczas mój wróg, pojedzie po mnie zgodnie z jego oczekiwaniami. Monika specjalnie mnie nie skrzywdziła, ale najbardziej śliskie było to, że P. poszedł do niej niemal od razu po przygodzie literackiej ze Sproketem, który przecież zniszczył kobiecie życie i wsadził ją za kraty.

Skoro Monika nie obciążyła mnie jakimiś wielkimi grzechami, P. postanowił uderzyć ponownie, tym razem korzystając z innych źródeł informacji. I stworzyć kolejne dzieło, które może wreszcie dobrze się sprzeda.

Aby mnie zdyskredytować, P. dotarł do moich byłych kolegów – J. i A. Akurat wtedy byłem w stanie konfliktu z J. i facet był raczej chętny do poszerzenia koalicji wrogów Masy. Tym bardziej że J. właśnie zapowiedział napisanie książki, w której miał zostać ujawniony mój udział w zabójstwie Wojciecha K. „Kiełbasy", i zależało mu na promocji przyszłego bestsellera. Przypominam – jeśli ktokolwiek chce ukąsić Masę, od razu wyskakuje z argumentem, że miałem coś wspólnego ze śmiercią Wojtka. A potem dopisuje mi kolejne grzechy, wśród których notoryczne ośmieszanie instytucji świadka koronnego to zaledwie pryszcz.

Natomiast A. ponoć opowiedział redaktorowi historię, jak to wziąłem udział w sponiewieraniu i zgwałceniu dwóch prostytutek. Już jako świadek koronny, całkiem niedawno. W sumie długo się

Fot. Andrzej Szkocki/Polska Press

zastanawiałem, czy opisać moją wersję tego zdarzenia, bo przecież jeśli ta rewelacja ukaże się w książce, od razu oddam sprawę do adwokata i rozjedziemy autora. Ale niech będzie moja strata – powiedzmy, że daję mu szansę na wycofanie się z pomówienia.

Otóż umówiliśmy się kiedyś na wódkę z Z., moim partnerem biznesowym, oraz jego kolegami. Wynajęliśmy kilka pokoi w pewnym hotelu. Impreza toczyła się w jednym z nich, a w pozostałych mieliśmy odpoczywać po trudach picia.

Zmęczyłem się dość szybko i poszedłem do swojego pokoju, żeby się trochę przespać. A kiedy wróciłem do głównej imprezowni, zobaczyłem, że panom towarzyszą dwie młode panie. Od razu skumałem, że nie są to ani ich córki, ani nawet siostrzenice. Po prostu spotkanie, bez mojej zgody, zostało poszerzone o kolejną atrakcję.

Jako że ja już wtedy nie należałem do amatorów płatnych rozrywek, zażądałem, aby panie wyszły z pokoju i już więcej do niego nie wracały.

One się nadąsały, bo moje stanowisko najprawdopodobniej pozbawiało je zarobku, i schodząc na dół, z lekka zdemolowały hotel. A dokładnie stłukły szybkę alarmu przeciwpożarowego i uruchomiły syrenę. Bo to agresywne córy Koryntu były.

W tej sytuacji pracownicy hotelu musieli zarządzić ewakuację gości. Na miejscu pojawiła się straż pożarna i oczywiście policja. Szybko ustalono, co się stało, i panie zostały zatrzymane. Na pamiątkę niezbyt upojnej nocy dostały jeszcze po sporym mandacie do zapłacenia. Jest na to wiele dowodów.

Tak właśnie wyglądał ten „gwałt". Jeżeli autor książki napisze, że było inaczej, spotkamy się w sądzie, a ja wyjdę z niego sporo bogatszy. Nawiasem mówiąc, A., który ponoć opowiedział tę historię, podobno zapowiedział, że jej nie autoryzuje.

Dziś jest ponownie moim sojusznikiem.

No ale koalicja moich wrogów nie zastanawia się nad konsekwencjami pomawiania mojej osoby i nie przestaje szukać na mnie kwitów. Rzecz w tym, że to jest bardzo nietrwały sojusz i wkrótce zapewne się zdezaktualizuje.

Wspomniany redaktor P. bardzo intensywnie śledzi moje poczynania w internecie (przyznaję, że czasami używam zbyt dosadnych sformułowań, ale bywa, że nie mam innego wyjścia), gdzie natrafił na byłego drobnego przestępcę z Pomorza Zachodniego o pseudonimie Arbuz. Chłopak akurat starał się o „sześćdziesiątkę" i przyznam, że trochę mu w tym pomagałem, radząc, jak ma rozmawiać z prokuraturą czy podczas procesu. A że po jakimś czasie trochę mu sodowa uderzyła do głowy i poczuł się sławny, nagle zwrócił się przeciwko mnie i zaczął mnie kąsać. Oczywiście za pośrednictwem internetu, a nie w realu.

P. uznał, że Arbuz może mieć jakąś wiedzę na mój temat, więc kopnął się do niego, aby go skaptować do koalicji.

Nie wiedząc, że Arbuz go nagrywa, P. zaczął go namawiać do składania zeznań przeciwko mnie, oczywiście w zamian za jakąś bliżej nieokreśloną pomoc. A Arbuz zaczął farmazonić o jakichś przekrętach, o fakturach VAT, o wyłudzeniach. Co mu tylko przyszło do głowy. Na zasadzie: „Będzie pan zadowolony"!

Najbardziej bawi mnie to, że dziennikarze przytulają się do ludzi ze środowiska przestępczego, licząc na ich lojalność. Tak właśnie kilka osób przejechało się na wspomnianym wcześniej J., który uważał, że atakując mnie, robi promocję swojej książce. Ale kiedy się zorientował, że ta wojna tylko mu szkodzi – bo to nie jest głupi chłopak – odnowił ze mną dobre kontakty, a zaczął jechać po wpatrzonych w niego redaktorach. Przestraszył się, że może mieć przeciwko sobie 50 tysięcy moich internetowych zwolenników. A przy sprzedaży książki to naprawdę spory kapitał.

Poza tym skumał, że przymilający się doń dziennikarze traktują go instrumentalnie, jak dostarczyciela argumentów przeciwko mnie, i nie są wobec niego szczerzy. Dlatego niektórzy chyba bardzo się zdziwili, kiedy ich pupilek zaczął ostro po nich jechać w swoim lajfie na Facebooku, w filmikach, w których dzieli się z internautami refleksjami o różnych ludziach. I tak P. czy A.P., redaktorka portalu internetowego pewnego dziennika, usłyszeli pod swoim adresem najgorsze wyzwiska. A przecież J. miał być ich! Miał być łatwą w obsłudze marionetką użytą przeciwko Masie!

Jeśli chodzi o wspomnianą A.P., to nawet trochę mi jej szkoda, bo przez własną naiwność dziewczyna przekreśliła swoją dziennikarską karierę. Nie wiem, z jakiego powodu, ale nagle zaczęła stawać w obronie skazanego za zabójstwo Pershinga Ryszarda B. I szukać dowodów na jego niewinność. Liczyła, że ja wycofam swoje zeznania przeciwko niemu, a to będzie kamień, który poruszy lawinę zmierzającą do uwolnienia skazanego Ryśka.

Ja nie mogłem tego puścić płazem, więc opisałem te jej starania na Facebooku. Ujawniłem też to, czego się dowiedziałem – otóż A.P. pojechała do niejakiego Odwróconego, twórcy popularnego profilu na FB, który stara się zrobić z siebie byłego wielkiego bossa. Oczywiście nigdy żadnym bossem nie był, nic na mieście nie znaczył, ale dziennikarka uchwyciła się go jak ostatniej deski ratunku. I udała się do niego, do Wielkiej Brytanii, i zaczęła go wypytywać o Ryszarda B.

A dla Odwróconego, gościa z kompleksami, możliwość wystąpienia w portalu znanego dziennika była szczytem szczęścia. Więc plótł, co mu ślina na język przyniosła, tym bardziej że nikt nie weryfikował tego strumienia świadomości. W pewnym momencie obwieścił nawet światu, że Ryszard B. i jego dobry kompan, wspólnik podczas zamachu na Pershinga, Ryszard N. w ogóle się... nie znali. To tak jakby powiedzieć, że Wisła płynie przez Górną Woltę! No ale A.P. tego właśnie oczekiwała i taką rewelację zamieściła w portalu.

Owszem, po publikacji tego materiału zacząłem obrzucać w necie dziennikarkę błotem, ale ona na to zasłużyła. Podważyła ciężką, żmudną pracę policjantów i prokuratorów, którzy musieli się mierzyć z tak trudnym tematem, a także zeznania wiarygodnych świadków. Po prostu oznajmiła, że cała ta praca to o kant dupy potłuc, bo przecież Odwrócony wie wszystko lepiej.

Może zatem pomógłby odnaleźć Bursztynową Komnatę? Przecież na pewno wie, gdzie ona jest!

Problem polega na tym, że internauci dają wiarę ekspertom samozwańcom, którzy w sieci mnożą się jak grzyby po deszczu. Często bywam obiektem ataku ze strony takich specjalistów, których wiarygodności nikt nie weryfikuje. Wystarczy, że jeden z drugim określi się modnym obecnie mianem „eksperta do spraw bezpieczeństwa" (to coś w stylu „animatora kultury"), i ludzie wierzą, że mają do czynienia z prawdziwym agentem 007. Tymczasem ja zadałem sobie trud sprawdzenia drogi zawodowej jednego z takich gości, który uczepił się mnie jak rzep psiego ogona, bo liczy na to, że ataki na Masę uczynią go gwiazdorem. Otóż facet wymieniał uczelnie, które ukończył, i firmy, którym doradzał. Rzecz w tym, że zawsze były to nieistniejące już uczelnie i firmy, więc weryfikacja, czy rzeczywiście miał z nimi coś wspólnego, jest zwyczajnie niewykonalna. Zresztą w jego zawodowym CV jest tyle znaków zapytania, a raczej powodów do popukania się w czoło, że gdyby drążyć temat, można dojść do wniosku, że ma się do czynienia z zakompleksionym konfabulantem. Z gatunku tych, którzy zaczynają przejmować stery opinii w naszym kraju.

Kąsać próbują mnie także twórcy rozmaitych internetowych telewizji. Jeden z nich podczas wywiadu z J. zapewnił, że nigdy nie podałby mi ręki i nie usiadłby ze mną za stołem. Rzecz w tym, że nieco wcześniej udzielałem mu wywiadu i nasze spotkanie nie wyglądało jak pojedynek rewolwerowców. Rozmawialiśmy w restauracji, w wyjątkowo przyjaznej atmosferze.

Fot. Kuba Atys /Agencja Gazeta

Zadzwoniłem do niego i powiedziałem: „Skoro twierdzisz, że nigdy nie podałbyś mi ręki, to ja ściągam nagranie z monitoringu lokalu, na którym widać, jak robimy »misia«, a potem wspólnie wpierdalamy shoarmę. I publikuję to w necie. I zobaczysz, że tak jak teraz masz na fejsie 50 tysięcy polubień, to zaraz nie będziesz miał ani jednego". Facet spękał i przeprosił.

Nawiasem mówiąc, ja wiem, jak rozmawiać z ludźmi. Wiem, kiedy można odpuścić, a kiedy trzeba pocisnąć. Mafia uczy manipulowania ludźmi, i to w naprawdę trudnych sytuacjach. Przecież jeszcze niedawno wydawało się, że wszyscy sprzysięgli się przeciwko mnie: i media głównego nurtu, i byli koledzy, i media społecznościowe, i internauci. I że już nic nie uratuje mojego tyłka. A tymczasem…

A tymczasem to moi wrogowie mają problem. Zresztą z każdym dniem ich szeregi topnieją.

Może też dlatego, że ja mam dobrą pamięć, a o pewnych ludziach wiem naprawdę dużo?

ROZDZIAŁ 13

„Spodziewałam się plusów, minusy dopisywałam później"

Artur Górski: Powiedziałaś, że faceci generalnie cię rozczarowali. Co to znaczy? Jakie miałaś wobec nich oczekiwania? Czego w relacjach z nimi zabrakło?

Monika Banasiak: Moje życie, nazwijmy je poważnym życiem uczuciowym, to zaledwie dwaj mężczyźni: Andrzej i Wadim. A teraz jest trzeci, ten ostatni, to już wiem. Tak czy inaczej, mam jednak sporą skalę porównawczą i sądzę, że nie krzywdzę jakoś specjalnie rodu męskiego, wystawiając mu niezbyt pozytywną opinię. Nie obrażaj się. Po prostu wiele przeszłam i wiem, o czym mówię.

Pozostałe znajomości, a było ich wbrew pozorom niewiele, to epizody, oczywiste w życiu każdej normalnej kobiety, ciekawej emocji, otwartej na doznania, szukającej odpowiedzi na wiele pytań. Ja od mężczyzn wymagałam zawsze, jak się okazuje, za dużo. Przede wszystkim tego, co z tą męskością się kojarzy, a więc: mądrości i odpowiedzialności za związek, konsekwencji, lojalności i mówienia sobie prawdy, bo kłamstwem się brzydzę. Kłamią ludzie słabi, a mój mężczyzna powinien być silny nie tylko fizycznie, ale przede wszystkim emocjonalnie. Powinien być partnerem, nie przeciwnikiem w związku. Budować harmonię i spokój, który jest podstawą rozwoju obojga partnerów. Bo miłość powinna tworzyć nowe możliwości dla obojga ludzi.

A.G.: Nie obrażam się. Zresztą wcale nie uważam się za chodzący ideał. Czy zawiedli cię twoi mężczyźni?

M.B.: Jest jedno powiedzenie, które doskonale pasuje do moich związków: ja przepłynęłam dla nich ocean, a żaden z nich nie chciał dla mnie przeskoczyć kałuży.

A.G.: Brzmi dobrze, ale niewiele tłumaczy.

M.B.: Widzisz, pochodzę z domu, w którym pewne wartości były święte. Jeśli ktoś komuś przysiągł wierność do samego końca, to to nie była czcza deklaracja. Moi rodzice wzięli ślub w kościele pod wezwaniem Matki Bożej Nieustającej Pomocy na Saskiej Kępie. W tym samym kościele, przy tym samym ołtarzu, grubo ponad pół wieku później moja matka siedziała za trumną mojego ojca. Oboje dotrzymali zobowiązania, które złożyli w dniu ślubu.

Ja też miałam takie marzenie, żeby znaleźć mężczyznę, z którym zwiążę się aż po grób, na dobre i na złe. Idąc przez życie z kolejnymi partnerami, wierzyłam, że w końcu znajdę tego jedynego. Co więcej, chciałam być za ten związek odpowiedzialna, nie zamierzałam stanowić jedynie ozdoby męża czy jego zabawki.

W pięknej i mądrej książce Antoine'a de Saint-Exupéry *Mały Książę* padają słowa: „Jeśli kogoś oswoisz, to musisz być za niego odpowiedzialny". I to jest prawda.

Ja byłam – i wciąż jestem – na to gotowa.

A.G.: Tak traktowałaś związek z Andrzejem?

M.B.: Naturalnie. Oddałam mu się w całości, na dobre i na złe. Nawet jeśli z czasem tego złego było coraz więcej. Ale pamiętasz, co pisał Święty Paweł w Pierwszym Liście do Koryntian?

A.G.: „Miłość cierpliwa jest, łaskawa jest. Miłość nie szuka zazdrości, nie szuka poklasku, nie unosi się pychą". Czy o to ci chodzi?

M.B.: Dokładnie. Przede wszystkim o tę cierpliwość. Nawet jeśli twój ukochany nie do końca pasuje do jakiegoś wyidealizowanego obrazu, trzeba wierzyć, że będzie się zmieniał.

A.G.: Za dużo przeszłaś w życiu, żeby wciąż wierzyć, że w człowieku zawsze zwycięża dobro. Pomówmy, jak było naprawdę. Tym bardziej że nie obracałaś się w środowisku aniołów.

M.B.: Faktycznie, z biegiem lat porzuciłam wiele złudzeń. Ale wiem jedno: miłość, jeśli jest prawdziwa, wybacza błędy. To piękne uczucie, które jednak czasami jest cierpieniem.

A.G.: Rozumiem, że wciąż musiałaś coś wybaczać Andrzejowi.

M.B.: To prawda. Z czasem stawał się coraz bardziej porywczy wobec mnie... Ale nie chcę, żebyś pomyślał, że używał wobec mnie siły fizycznej. Na pewno ani nie wystawiał mnie zimą na balkon, ani nawet nie groził, że tak zrobi. Gdyby tak się stało chociaż raz, to byłby koniec naszego związku. Ale dobrze wiesz, że czasami słowo boli bardziej niż uderzenie – jakieś niesprawiedliwe podejrzenie, jakaś kąśliwa uwaga, awantura.

Andrzej miał trudny charakter, ale wiele przykrych słów, jakie do mnie kierował, wynikało także z kompleksów, które przy mnie odczuwał. Często wpadał w szał z powodów, które dla wielu byłyby niezrozumiałe, przez byle błahostki. Albo inaczej – zamykał się w sobie, ignorował mnie, traktował jak powietrze. Za karę, za jakieś moje zachowanie czy stwierdzenie.

Niestety, ludzie skażeni przez więzienie – o czym już wspominałam – to inna kategoria od tych, którzy nigdy nie byli za kratami. Znacznie trudniej się żyje u ich boku. Nawet jeśli trafiasz do więzienia jako względnie normalny człowiek, z reguły wychodzisz z niego jako istota z odległej planety, z silnymi zaburzeniami emocjonalnymi, ale też z umiejętnością manipulowania wszystkimi wokół. Więzienie uczy sztuki podporządkowywania sobie ludzi, którą można potem wykorzystywać w relacjach rodzinnych.

Przez długi czas wierzyłam, że moja miłość wyleczy Andrzeja z tego syndromu. I faktycznie, trochę go zmieniała, ale pełnego sukcesu nie osiągnęłam nigdy.

A.G.: Cały czas poruszamy się w sferze ogólników...

M.B.: Nie chcę mówić o konkretach. Nie chcę przytaczać przykładów zachowań mojego męża, bo stawiałyby go w złym świetle.

A mnie nie o to chodzi. Ja po prostu chcę przestrzec kobiety przed błędami, które sama popełniłam. Jeśli zatem mówię, że człowiek po kryminale to bardzo trudny orzech do zgryzienia, to proszę mi wierzyć, że nie jest to teoria wyssana z palca. I nie jest prawdą, że w imię miłości mężczyźni potrafią się zmienić. Bzdura! Natura ludzka w ogóle jest dość stała. Mężczyźni mogą się na pewien czas przystosować do określonej sytuacji, mogą udawać przemianę, zapewniać, że od dzisiaj wszystko będzie inaczej, ale wcześniej czy później powracają do swoich poprzednich złych zachowań. Ciągnie wilka do lasu i nic tego nie zmieni.

A.G.: Co Andrzeja najbardziej irytowało w tobie?

M.B.: Moja odmienność. Byłam osobą z zupełnie innej bajki i on nie mógł sobie z tym poradzić. Coś, co powinno inspirować, wywoływało w nim demony. Zresztą podczas jednego z widzeń wyznał mi: „Wiesz, Monika, ty byłaś lepsza ode mnie w wielu rzeczach. Teraz to sobie uświadamiam". I muszę przyznać, że te słowa sprawiły mi wielką radość. Ba, nie spodziewałam się, że on kiedykolwiek dojdzie do tej prawdy. Ale to fakt – często zabierał mnie na różne spotkania, bo wiedział, że nie przyniosę mu wstydu, a wręcz przeciwnie, poprawię jego wizerunek. Mówiłam w językach obcych, byłam obyta w świecie, a to podnosiło w oczach wielu szacunek także dla jego osoby. Ja nie twierdzę, że Andrzej mnie nie kochał, ale…

A.G.: Bardziej kochał czy bardziej cię miał?

M.B.: A wiesz, że to bardzo dobra uwaga? Dojrzałego mężczyzny. Jeśli się nad tym zastanowić, to można dojść do wniosku, że jednak bardziej mnie miał. Oczywiście, przez długi czas uważałam to za miłość. Podejrzewam, że on traktował to tak samo. Ale finał naszego związku, to, co zrobił po moim odejściu i po tym, jak trafiłam za kraty, świadczy chyba o tym, że obraził się na swoją własność. Bo facet, który naprawdę kochał kobietę, nie zachowałby się tak jak on. Z perspektywy czasu wiem, że byłam naiwna i nie zorientowałam się, że coś tu nie gra. Może dlatego, że w relacjach z ludźmi popełniam jeden kardynalny błąd – najpierw widzę plusy, choćby wirtualne, nieistniejące, a potem dopiero dopisuję minusy. A powinno być odwrotnie. Powinniśmy z góry zakładać, że każdy człowiek chce nas w jakiś tam sposób skrzywdzić, i zachowywać ostrożność. Jakie to miłe, kiedy się okazuje, że jego intencje są wręcz odwrotne i mamy do czynienia z przyjacielem czy sojusznikiem. Mówiąc krótko: nie oczekuj, nie rozczarujesz się. Albo jeszcze inaczej: od siebie wymagaj wszystkiego, a od innych tylko tego, na co ich stać.

A.G.: O Słowiku mówiliśmy już sporo. Ciekaw jestem, czemu uważasz, że zawiódł cię także Wadim.

M.B.: Niewątpliwie był to mężczyzna, który uosabiał siłę, mądrość, dojrzałość i wiele innych cech, których kobieta oczekuje od partnera. Był dokładnie takim facetem, jakiego chciałam zawsze mieć, i doskonale zdawał sobie z tego sprawę. Okazywał mi szacunek, choć w środowisku, z którego się wywodził, i on, i Andrzej, szacunek wobec kobiety jest czymś egzotycznym. Wręcz niepożądanym. Kobieta jest dla takich mężczyzn narzędziem, i to niekoniecznie wielokrotnego użytku, a nie obiektem adoracji.

Chociaż Wadim był inny. Poza tym, o czym już wspominałam, wspierał mnie finansowo, także wtedy, kiedy nie miałam się do kogo zwrócić o pomoc. Wiele mu zawdzięczam, bez dwóch zdań. Kiedyś mu powiedziałam, że jego miłość pomogła mi przetrwać trudny czas za kratami, a on odparł, że sama miłość by nie wystarczyła. I że tak naprawdę przetrwałam dzięki kotletom, które mi wysyłał w paczkach.

Jak widzisz, ma również poczucie humoru. Ale ja akurat należę do tych kobiet, którym kotlety nie są potrzebne. Natomiast nie potrafię żyć bez poczucia, że ktoś o mnie myśli i że jestem dla niego ważna.

A.G.: Kotlet wysłany do więzienia też może być dowodem miłości.

M.B.: Albo litości. Może też wynikać z potrzeby dawania czegoś osobie, która jest w trudnej sytuacji. To nie musi być miłość, tylko poczucie obowiązku, przyzwoitość. Zresztą Wadim jest z tego znany, że nie zostawia potrzebujących na lodzie.

A.G.: A jednak w historii twojego związku z Wadimem nie zdarzył się happy end...

M.B.: Trudno powiedzieć, w którym momencie coś się zaczęło psuć. Wadim uważa, że nasz związek przestał istnieć jeszcze przed moim zatrzymaniem w 2013 roku. Zresztą on się kończył na raty: zrywaliśmy ze sobą, wracaliśmy, nasza więź stopniowo słabła. To nie było nagłe zerwanie, jak w operetce, gdzie śpiewaczka krzyczy: „Odchodzę na zawsze!", i już więcej się nie pojawia. Nie byliśmy w stanie zerwać ze sobą na dobre; emocje, które nas połączyły, były zbyt silne. Poza tym byłam taką kobietą, jakiej on potrzebował: silną, a jednocześnie ciepłą i wyrozumiałą.

Przez długi czas Wadim dzielił swoje życie między dwie kobiety: mnie i inną. Ja byłam od niej niewiele starsza. Ja wiedziałam o niej, a ona o mnie. Oficjalnie on był z nią, ale w rzeczywistości stanowiła raczej dopełnienie niż podmiot. Mówię o czasach jeszcze sprzed mojego aresztowania.

A.G.: Można powiedzieć, że ona była żoną, a ty kochanką?

M.B.: Tamtych relacji nie da się zawrzeć w jednym określeniu. Raczej odwrotnie. Jak na żonę ona miała z niego za mało. A ja miałam o wiele więcej, niż miewają kochanki.

Mniej więcej dwa tygodnie po moim zatrzymaniu związek Wadima i tej kobiety się rozpadł. Paradoksalnie okazałam się spoiwem ich relacji. Gdy mnie zabrakło, każde poszło w swoją stronę. A przecież powinno być odwrotnie.

Sądzę, że to była jego inicjatywa. Wiedział, jak bardzo go potrzebuję, i postanowił się poświęcić wyłącznie mnie.

A.G.: I wytrwał w swoim postanowieniu? Zakładając, że w ogóle je powziął…

M.B.: Nie. Podejrzewam, że pojawiały się w jego życiu jakieś przelotne miłostki. A później związał się z o wiele młodszą dziewczyną, z którą przeszedł sporo perypetii.

A.G.: Czy to była ta kobieta, z którą odwiedził cię w Hiltonie tuż po twoim wyjściu z aresztu?

M.B.: Dokładnie. Z tego, co wiem, bardzo nim manipulowała. A potem okazało się, że jest ciężko chora. Współczuję, ale ona tę chorobę rozgrywała w swoich relacjach z Wadimem. A on, jako człowiek wrażliwy i empatyczny, przeżywał to i się zadręczał. W końcu się rozstali, choć nie wierzę, aby dała mu spokój. Pewnie ciągle chce coś na tej znajomości ugrać. A jeśli nie wiadomo, o co chodzi, to wiadomo, że chodzi o... Uważam, że ona go traktowała jak chodzącą kartę kredytową.

A.G.: Mnie jednak o wiele bardziej interesuje twój związek z Wadimem. Co zawiodło? Co nie zagrało?

M.B.: Przykro mi to mówić, ale... Uważam, że z jego strony to nie była miłość. Może fascynacja, może zauroczenie, ale nie bezgraniczna miłość na całe życie. Owszem, dawał mi bardzo wiele, na czele z poczuciem bezpieczeństwa i szacunkiem, ale nie kochał mnie tak, jak tego pragnęłam. Ale jeśli ten związek nie zagrał, jest w tym także moja wina. Mogłam się sparzyć raz, na Andrzeju, ale w każdej kolejnej relacji powinnam już wiedzieć, czy to jest to, czego oczekuję, i czy chcę brnąć w nią nadal. A ja tylko brnęłam.

Może dlatego, że Wadim to jednak lepsza wersja Andrzeja, a ja błędnie interpretowałam jego słowa i zachowania? Obaj emanowali siłą, rządzili ludźmi, osiągali sukces w tym, co robili, ale tak naprawdę nie byli dojrzałymi facetami. Podobnie jak wszyscy inni bossowie polskiej mafii. Gdyby nie zachłysnęli się władzą

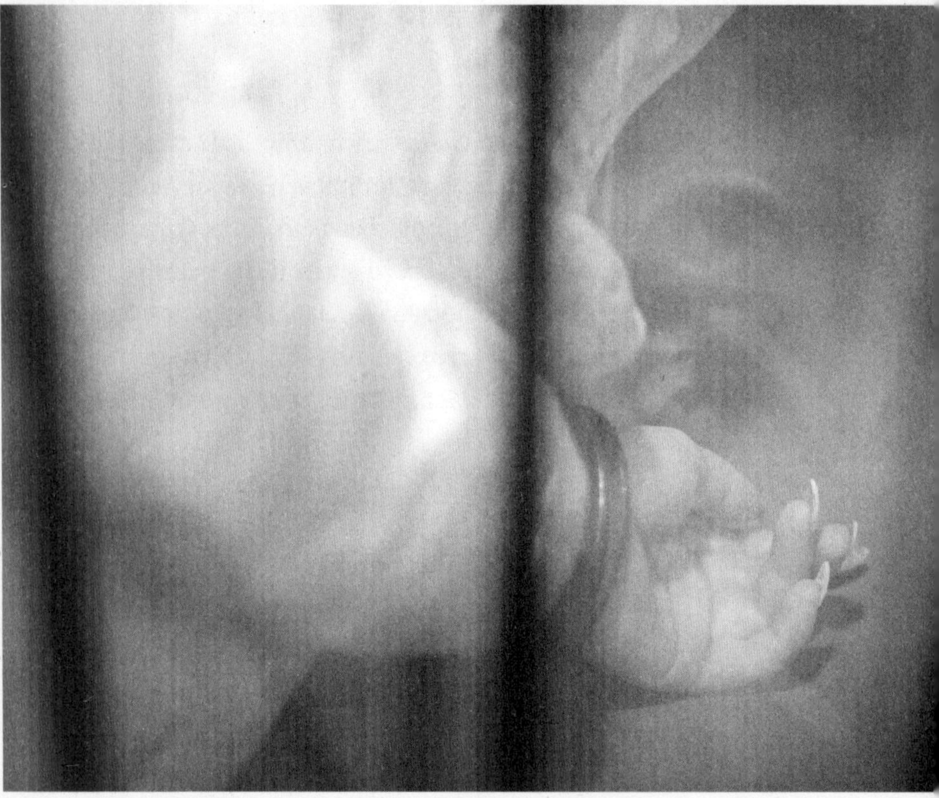

Fot. Renata Dąbrowska/Agencja Gazeta

i pieniędzmi, gdyby nie uwierzyli, że są bezkarni, nie zostaliby rozsmarowani jak masło na chlebie przez wymiar sprawiedliwości. Wielu chce wierzyć, że wśród prymitywnych gangsterów trafiali się bossowie jak z hollywoodzkich filmów: rozsądni, sprawiedliwi, umiejący zapewnić bezpieczeństwo swoim podwładnym i mający wizję przyszłości.

To bajki.

Oni wszyscy nie potrafili myśleć pragmatycznie i długofalowo. Żyli chwilą i właśnie to było ich największą słabością.

A.G.: A co jest twoją?

M.B.: To, że potrafię kochać naprawdę. Tyle że nikt do tej pory nie umie tego docenić. To temat na osobną opowieść, teraz powiem ci tyle: nie umiem manipulować facetami, tak jak oni potrafią manipulować kobietami. Także mną. Pewnej biegłości w manipulowaniu powinnam była nabrać w więzieniu. Ba, powinnam wyjść z niego jako zimna, wyrachowana suka, mająca na względzie wyłącznie własne dobro, niszcząca facetów i wyciągająca z nich pieniądze. Niestety, nie nauczyłam się tego, choć uniwersytet był pierwszorzędny.

Ja naprawdę nie potrzebuję wiele, jestem bardzo łatwa w obsłudze. Wystarczy kochać mnie i szanować. I tyle. Nie mam większych oczekiwań.

A.G.: A może gdybyś zaczęła szukać kandydata na wielką miłość w środowisku innym niż przestępcze, znalazłabyś to, czego szukasz?

M.B.: Trafiłeś w sedno. Wyznam ci coś, co nie przyjdzie mi łatwo, ale... Oto z czym wiążę wielkie nadzieje. Kilka miesięcy temu poznałam faceta, fakt, sporo młodszego ode mnie, ale już ci mówiłam, że wolę młodszych od starych nudnych pryków. Powiedzmy, że ma na imię Wiktor i nie ma nic wspólnego ze środowiskiem przestępczym. Jest biznesmenem z dyplomem prawnika i całe życie funkcjonuje po tak zwanej dobrej stronie mocy. Mam wrażenie, że po raz pierwszy spotkałam mężczyznę, który mnie kupuje w całości – ze wszystkimi moimi wadami, przywarami, śmiesznostkami, z moim tupaniem nogami i pokrzykiwaniem. Ale też z zaletami.

Kocha mnie miłością bezwarunkową i odpowiedzialną. Nic mu we mnie nie przeszkadza, a nawet jeśli przeszkadza, to potrafi to coś pokochać.

Wiem, że nie byłby w stanie zrobić mi krzywdy. On po prostu tego nie umie. Wychował się w środowisku, w którym takie rzeczy są niedopuszczalne.

A.G.: Jak się poznaliście?

M.B.: Skontaktował się ze mną na Facebooku. Tak naprawdę kojarzył mnie od lat, choć ja nie miałam pojęcia o jego istnieniu. Mieszkał na Saskiej Kępie, niedaleko moich rodziców, i bardzo często mnie widywał. Żonę bossa, oczywiście głównie w towarzystwie Andrzeja. I choć w tamtym czasie nawet nie przychodziło mu do głowy, żeby próbować mnie zaczepiać, postanowił, że jeśli kiedykolwiek coś się zmieni w moim życiu, on znajdzie się u mojego boku. Ja wiem, to brzmi trochę jak rozdział z harlequina, ale kto powiedział, że w takich romansidłach nie ma cienia prawdy? Zapewniam cię, że czasami jest jej zaskakująco wiele!

Wyobraź sobie – facet czekał przez długie lata, aż wreszcie nadarzyła się okazja i... dopiął swego. A wcześniej czytał wszystko, co napisano na mój temat. Zbierał artykuły prasowe, zdjęcia; no, prawie typowy psychofan, tyle że nienarzucający się, pozostający w cieniu. Mówi, że kochał mnie długo i wierzył, że to uczucie zostanie nagrodzone. Gdybym ci pokazała esemesy i mejle, jakie mi przysyła, tobyś nie uwierzył. To są prawdziwe poematy, pisane dla mnie, których wstukanie w telefon musi zajmować co najmniej godzinę. Z czymś takim nie spotkałam się nigdy, choć śmiem twierdzić, że faceci bardzo o mnie zabiegali.

Wiedząc, jak ważna w moim życiu była Jerozolima, pojechał tam i kupił mi bransoletę z paciorków z drzewa różanego. Założył mi ją na rękę i zabronił ściągać kiedykolwiek. Mówi, że będzie mnie chroniła w trudnych sytuacjach...

A.G.: Czy w tym przypadku będzie happy end?

M.B.: Mam nadzieję. Choć to – obecnie modne słowo – skomplikowane. Moja znajomość z Wiktorem jest bardzo intensywna, treściwa, emocjonalna. Czasem mam wrażenie, że on jest przy mnie od zawsze. Facet podążał za mną ulicami Saskiej Kępy aż po Kabaty. Nie uwierzysz, ale wręcz ocieraliśmy się o siebie przez blisko dwadzieścia lat. Patrzył w moje oczy, a ja mijałam go bez zwracania na niego uwagi. Ale o tym opowiem przy innej okazji. Może w innej książce? Łączy nas niemal identyczna mentalność, wręcz bliźniacze linie papilarne.

Zapytałeś, czy jest ostatnim puzzlem w mojej układance. Chciałabym. To początek drogi, początek wysublimowanej przygody z bardzo wytrawnym graczem. Pamiętam naszą pierwszą kolację, we francuskim klimacie, z białym winem i mulami po marynarsku. Było bardzo „dyplomatycznie", elegancko, z mnóstwem niekończących się opowieści. Okazało się, że biorę udział nie tylko w uczcie kulinarnej, ale – przede wszystkim – intelektualnej. Już wtedy poczułam, że jestem gotowa iść z nim choćby na koniec świata. Dreszcz emocji, który mnie wówczas przeszedł, towarzyszy mi do dziś. Wiktor wypełnia przestrzeń, której przed nim nie zdobył żaden inny mężczyzna. Zdobywa ją centymetr po centymetrze, powoli, ale systematycznie. Choć czasami bardzo się bronię.

A.G.: Ty to jednak masz talent do wikłania się w emocjonalne labirynty!

M.B.: Kiedyś tak. Dziś już nie. Wiem to na pewno.

ROZDZIAŁ 14

Dla jednych to pieniądze i prestiż, dla drugich – teatr

Podczas lat pracy nad książkami o tematyce kryminalnej poznałem wiele kobiet, które związały się z gangsterami. Niewiele z nich deklaruje, że gdyby mogły zacząć jeszcze raz, wybrałyby tę samą drogę. Prawdę powiedziawszy, nie spotkałem ani jednej, która przyznałaby, że w rachunku bycia u boku mafiosa straty przeważają nad zyskami. Nie chodzi mi nawet o tak drastyczny epilog związku, jaki nastąpił w przypadku żony stołecznego gangstera Krzysztofa M. „Bajbusa", która została zastrzelona w 2008 roku po tym, jak jej mąż podjął współpracę z prokuraturą. Chodzi mi o zwyczajne życie, w którym najpierw następuje zachłyśnięcie się szybko nabytym bogactwem, wymarzonym blichtrem i pozycją społeczną, a potem zaczyna się równia pochyła: coraz częstsze problemy z agresywnym i niedostępnym emocjonalnie partnerem, depcząca po piętach policja, proces, wyrok i wizyty w więzieniach. Rozbita rodzina, nierzadko odebrane dziecko, coraz ciaśniejsza pętla długów i windykacji.

Nie tak miało być.

O kobietach, które związały się z gangsterami, bardzo dużo wie psycholog, seksuolog i psychoterapeuta Andrzej Gryżewski. W jego warszawskim gabinecie szukają ratunku osoby, które zorientowały się, że życie u boku partnera przestępcy to ślepa uliczka. Uliczka, z której bardzo trudno się wydostać. Im szybciej się podejmie tę próbę, tym lepiej.

Najczęściej gabinet Gryżewskiego odwiedzają same kobiety, ale zdarza się, że towarzyszy im partner, który również zaczął powątpiewać w słuszność swoich życiowych wyborów.

Artur Górski: Jakie kobiety szukają kandydatów na towarzyszy życia w środowisku gangsterskim? Co je motywuje do decyzji, która często niesie za sobą ponure konsekwencje? Czego się spodziewają?

Andrzej Gryżewski: Bardzo różne. Proszę mi wierzyć, że najczęściej nie są to panie ze środowisk kryminogennych czy – używając kolokwializmu – z tak zwanych nizin społecznych. Bywa, że partnerów ze środowisk przestępczych poszukują osoby, których by pan o to nie podejrzewał. Tak samo zresztą gangsterzy niekoniecznie szukają kandydatek na żony wśród kobiet z przeszłością, po przejściach i „z dużym przebiegiem".

Pierwsza, ogromnie duża grupa to kobiety z osobowością narcystyczną. Takie typu: jestem najlepsza, najpiękniejsza, w związku z czym należy mi się od życia wszystko, co najlepsze. One wiedzą, że ze zwykłym szaraczkiem, z przysłowiowym Kowalskim nigdy nie doświadczą tego, czego pragną tak gorąco. Szaraczek nie zapewni im najlepszych samochodów, luksusowych wakacji, ekstrawaganckich strojów, markowej biżuterii czy dostępu do „lepszego

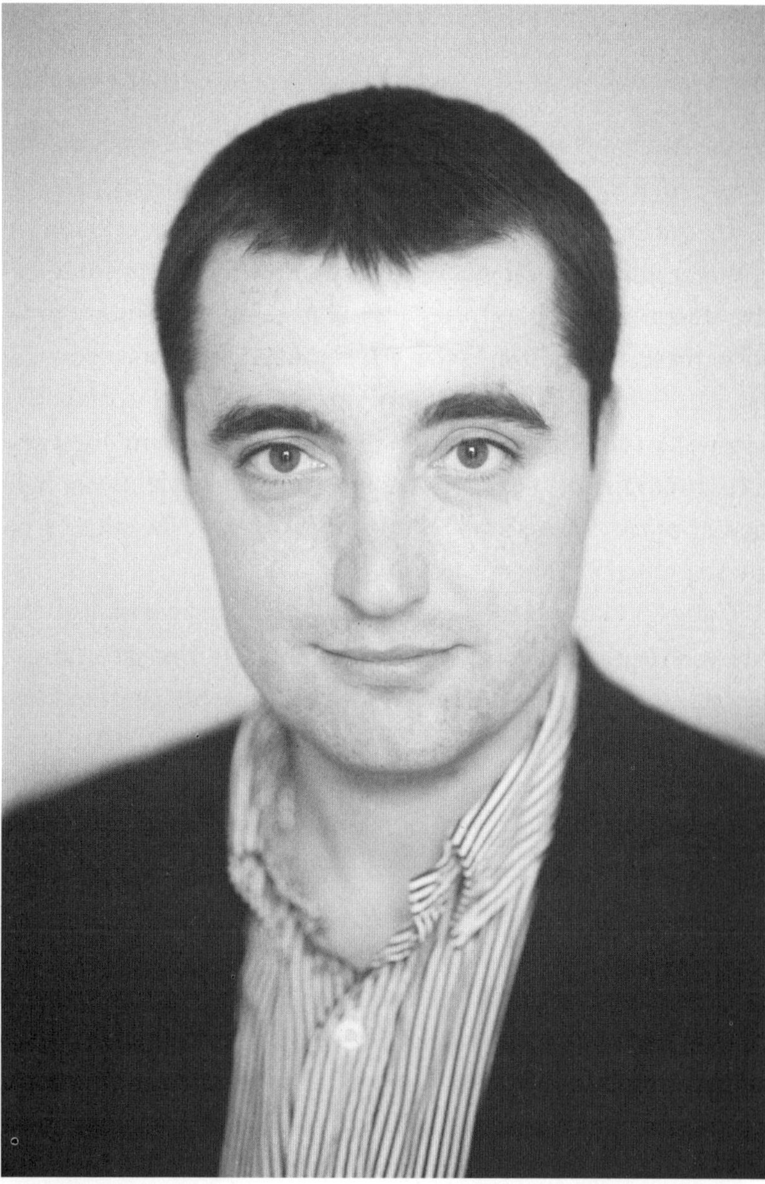
Fot. Bartosz Bobkowski/Agencja Gazeta

Psycholog, seksuolog i psychoterapeuta Andrzej Gryżewski.

towarzystwa", cokolwiek to oznacza. Gangster to znacznie lepsza lokata. Choć pozornie i na krótką metę.

A.G.: Mam wrażenie, że wielu gangsterów ma podobne potrzeby.

Andrzej Gryżewski: Ależ oczywiście! To środowisko składa się w dużej mierze z narcyzów, którzy nie wyobrażają sobie życia innego niż na najwyższym poziomie. W jednym z tomów serii *Masa o polskiej mafii* wspomniał pan o luksusowych zegarkach i złotym lexusie, którym poruszał się Jarosław Sokołowski, wzbudzając podziw wśród śmiertelników. To właśnie dokładnie to, o czym mówimy – boss nie mógł nosić byle casio i poruszać się buraczkowym polonezem, bo nikt by go nie szanował.

Gangster dla kobiety o osobowości narcystycznej to nie tylko walory materialne, ale także poczucie funkcjonowania na samym szczycie społecznej piramidy. Skoro on zarządza wieloma facetami, a ci z kolei sieją strach wśród kolejnych ludzi, którzy także mają wysoką pozycję społeczną (w seksuologii nazywamy to zjawisko „piramidą dziobania"), to ona ma prawo czuć się jak królowa. A przynajmniej jak żona prawdziwego dyktatora. I to jest równie ważne jak te wszystkie torebki od Louisa Vuittona czy stroje od Prady.

A wracając do związków damsko-męskich... Tak jak ona potrzebuje mężczyzny, który jej zapewni życie w błękicie, tak on szuka kobiety, która będzie takim złotym lexusem w ludzkiej skórze. Czyli damą o urodzie miss, świetnie ubraną, elokwentną, obytą w świecie, czasami znającą języki obce. Pamiętajmy, że gangsterzy – przynajmniej kiedyś tak było – poruszają się w kręgach politycznych i gospodarczych elit. W takim towarzystwie trzeba się pokazać z partnerką na odpowiednim poziomie.

W skrajnych przypadkach taka partnerka bywa czymś w rodzaju nagrody dla kontrahentów – jeśli interes idzie po myśli gangstera, wówczas on może skłonić swoją kobietę, może niekoniecznie żonę, aby użyczyła swoich wdzięków owym kontrahentom. Czasami na całą noc lub dwie. Ale to jest praktyka stosowana także w zupełnie innych sferach. Choćby naukowych. Znam przypadki profesorów mających bardzo atrakcyjne asystentki, gotowe na rozmaite wyzwania, oczywiście w imię nauki. Jeśli profesor zabiega za granicą o jakiś grant czy środki na realizację projektu, sugeruje swojemu koledze, że w razie pomyślnego załatwienia sprawy może on liczyć na bonus w postaci nocy z ową asystentką. Wszyscy są zadowoleni, na czele z uniwersytetami.

A.G.: Czy narcyzm jest cechą wrodzoną czy raczej rozwija się w człowieku pod wpływem jakichś zdarzeń?

Andrzej Gryżewski: Rozwija się, ale aby osiągnął naprawdę imponujące rozmiary, trzeba nad nim pracować od najmłodszych lat. Często pomagają w tym rodzice, na przykład ojciec zakochany w swojej ulubionej córci. Z mojej praktyki znam przykład pani, której ojciec był typowym tyranem, terroryzującym rodzinę i pracowników swojej firmy. Wszyscy chodzili na paluszkach pod dyktando despoty – jego żona i siostry wspomnianej pani – ale ona sama cieszyła się specjalnymi względami. Była oczkiem w głowie tatusia. Przez cała lata wmawiał jej: „Ty jesteś szczególna, inna niż twoje siostry, mądrzejsza i ładniejsza, tobie się należy od życia coś więcej". Cóż, jeśli jakąś banialukę powtarza się bez końca, staje się ona prawdą. A już na pewno dla tej pani i jej ojca. A gdy pani uwierzy, że naprawdę ma w sobie coś wyjątkowego, to w dorosłym życiu nie zadowoli się byle czym. Za wszelką cenę będzie szukała swojego złotego runa.

Często narcyzm kwitnie w najstarszej córce, bo ona, przynajmniej w dzieciństwie, zawsze jest krok dalej niż pozostałe dzieci: mądrzejsza, bardziej elokwentna, dojrzalsza, nierzadko nadodpowiedzialna. Co ciekawe, partner gangus będzie do niej doskonale pasował. Ona nad wyraz odpowiedzialna, on męski, stanowczy, ale ryzykant i na bakier z odpowiedzialnością. No i jest wtedy harmonia w przyrodzie. Za to uzupełnianie się Matka Natura przybiłaby obojgu piątkę.

Coś panu powiem na marginesie – takimi osobami, które są przekonane o swojej wyjątkowości, łatwiej manipulować. Mam klienta zatrudnionego w agencji reklamowej. Pracował nad reklamą bardzo drogiej limuzyny, mniejsza o markę. Przekaz reklamy był następujący: wyjątkowy samochód dla wyjątkowych ludzi. Na pewno nie dla każdego. Okazało się, że to podziałało na pewną grupę odbiorców – tych narcystycznych i o powiększonym ego. Kupowali, nie bacząc na jego bardzo wysoką cenę. Bo ktoś im kiedyś wmówił: jesteś wyjątkowy. Teraz ktoś do nich mówi tym samym językiem, więc się na źródło tego przekazu otwierają.

A.G.: A kolejna grupa kobiet poszukujących związku z gangsterem?

Andrzej Gryżewski: To są panie o bardzo silnym zapotrzebowaniu na relacje społeczne. A jak wiadomo, w środowiskach mafijnych spotkania w szerszym gronie są codziennością. I nie mam na myśli rozpraw sądowych, ale wspólne grille, posiadówki, bankiety, wyjazdy wakacyjne. Życie jak jedna wielka impreza. Dom gangstera to z reguły dom otwarty, ktoś nieustannie wchodzi, ktoś wychodzi. Są panie, którym taki stan rzeczy bardzo odpowiada.

A.G.: No ale zawsze na końcu jest wizyta antyterrorystów, którzy kładą szanownego małżonka na glebę, a potem wyprowadzają go z domu na długie lata.

Andrzej Gryżewski: To cena takiego związku. A mimo to panie, zdając sobie sprawę, jaki może być finał, wchodzą do gry. Fakt jest taki, że częściej w gabinecie mówią mi, że wchodząc w taki związek, myślały o blaskach, a nie cieniach.

Kolejna grupa to kobiety o osobowości borderline, czyli skrajnie niestabilne emocjonalnie. W jednej chwili potrafią przeskoczyć z euforii do czarnej rozpaczy, a zaraz potem znowu być w skowronkach. One bardzo dążą do intensywnych niestabilnych związków, które często prowadzą do kryzysów emocjonalnych. Ich życie, a tym samym życie ich partnerów, to nieustanna huśtawka: góra, dół, góra, dół. Ciągła zmiana to żywioł takiej osoby, a życie z gangsterem polega właśnie na ciągłych zmianach: trochę jest z nią, potem na długo znika, robi jakieś interesy, o których ona nic nie wie, potem wraca i stara się być przykładnym mężem. Ten brak bezpieczeństwa czy raczej stabilności daje partnerce, paradoksalnie, poczucie bezpieczeństwa – ona kocha ten lunapark, gdzie wciąż czekają nowe atrakcje. Można zadać pytanie: po co ona się tak krzywdzi?

Otóż jednym z kryteriów osobowości borderline jest chroniczne uczucie pustki. Wikłając się w tak dynamiczny związek, można skutecznie to uczucie zagłuszać. Panie z tą przypadłością często wywodzą się z rodzin typu włoskiego – tam nigdy nie rozmawia się spokojnie, nigdy nie szuka się kompromisów, zawsze rzuca się oskarżenia, a na wszystko reaguje krzykiem, przemocą. To, że komuś się przywali, a przynajmniej zmiażdży go słowem, jest stanem naturalnym. I wychowanie w takim środowisku rzutuje na osobowość człowieka. Spokój jest stanem nienaturalnym, a ciche, skłaniające do refleksji wakacje nad mazurskim jeziorem to piekło.

Gdyby prześledzić listowną korespondencję kobiety z osobowością typu borderline z partnerem, to można by odnieść wrażenie, że listy od niej to listy od kilku różnych osób. Ale jest jeden wspólny mianownik: zawsze sto procent emocji, czy to dobrych, czy złych. Albo bardzo tęskni, albo bardzo nienawidzi; tu nie ma żadnych kompromisów. Gdy w gabinecie te kobiety czytają mi listy, jakie piszą do swoich partnerów w więzieniu, to właśnie taki obraz się w nich maluje. Te kobiety trafiają do mnie, bo mają ogromne problemy z kontrolowaniem impulsywności w obszarze seksu, zakupoholizmu, kompulsywnego jedzenia, nadużywania substancji psychoaktywnych. Nieraz sami gangsterzy są zakłopotani swoimi partnerkami, bo powtarzają się u nich groźby lub gesty samookaleczenia się, próby samobójcze oraz nadmiarowe wysiłki uniknięcia rzeczywistego lub wyimaginowanego porzucenia. Od strony psychologicznej jest to bardzo ciekawa struktura osobowości, aczkolwiek trudna w codziennym pożyciu. Osobom zainteresowanym polecam wygooglowanie osobowości borderline w internecie.

A.G.: Przejdźmy do kolejnej grupy. Kobiety histrioniczne. Wstyd się przyznać, ale po raz pierwszy spotykam się z takim określeniem.

Andrzej Gryżewski: Bo to stosunkowo nowe pojęcie. Kiedyś w psychoterapii mówiliśmy „kobiety histeryczne", ale histeria ma w powszechnym odczuciu dość negatywne konotacje. Zatem do psychologii wprowadzono termin „histrioniczne". Tak czy inaczej, chodzi o osoby o bardzo jaskrawych uczuciach, skłonne do pewnej teatralności, przesady.

A.G.: A czym się to różni od osobowości borderline?

Andrzej Gryżewski: Różnica jest zasadnicza. Podczas gdy kobiety z osobowością borderline przeżywają emocje w środku i te emocje je spalają, osoby histrioniczne wszystko wyrzucają na zewnątrz. Często jest to tylko zwykłe aktorstwo, bo płytko przeżywają uczucia. To jest tak, jakby ktoś powiedział: „Dziś wieczorem grasz rolę i jeśli dasz z siebie wszystko, dostaniesz milion dolarów". Za takie pieniądze warto wypruć z siebie przysłowiowe flaki! Aktorka robi fantastyczny show, ale to nie znaczy, że wewnętrznie go przeżywa. W psychoterapii nazywamy to „klątwą wiecznego aktora". Te kobiety nieautentycznie demonstrują swoje uczucia, mają skłonność do dramatyzowania, tendencje do manipulowania otoczeniem dla osiągnięcia własnych korzyści, kompletnie nie tolerują krytyki, chcą być w centrum zainteresowania oraz mają rozległy świat marzeń i fantazji. W seksualności osoby histrionicznej pojawia się dużo nieprawidłowości: potrzeba silnych podniet, nadpobudliwość (sporadycznie) lub oziębłość (bardzo często), niedojrzałość seksualna oraz – co najważniejsze – niestosowna uwodzicielskość i nadmiarowe koncentrowanie się na atrakcyjności fizycznej. To jest stały motyw – przychodzi klient, który miał sesję po histrionicznej klientce, i mówi: „Panie Andrzeju, zakochałem się! Widziałem przed chwilą na ulicy tak piękną kobietę, że inni mężczyźni się potykali na chodniku z wrażenia. To raj być z taką kobietą". „Zdziwiłby się pan", kwituję.

Osobowość histrioniczna potrzebuje partnera-skały, kogoś, kto nie okazuje emocji i zachowuje zimny spokój. A kto lepiej od gangstera pasuje do tej roli?

A.G.: Znam wielu gangsterów i zapewniam, że nie każdy z nich emanuje spokojem. Niektórzy zachowują się, jakby byli pod nieustannym napięciem tysięcy woltów.

Andrzej Gryżewski: Ale takie jest powszechne wyobrażenie o gangsterze. Może jakąś rolę w ukształtowaniu tego wizerunku odegrało kino? Ponadto wielu z nich w sytuacji kryzysowej odcina się od kontaktu ze swoimi emocjami i zachowuje zimną krew. Wręcz przeciwnie niż kobieta histrioniczna. Tak czy inaczej, ona zawsze będzie szukała partnera zupełnie innego od niej samej. Takiego o stalowych nerwach i pokerowej twarzy, choćby to był tylko pozór. Albo inaczej: choćby ten spokój miał być osiągnięty za pomocą alkoholu czy innej chemii. Bo on – tak jak bohater oscarowego filmu z 2016 roku *Moonlight*, gangster o orientacji homoseksualnej – był przez wiele sytuacji w życiu coraz bardziej odcinany od emocji, aż nauczył się chować je bardzo głęboko. Notabene polecam ten film, bo wielu moich

Fot. Rafał Mielnik/Agencja Gazeta

klientów gangsterów mówi, że ich życie nie przebiegało wiele spokojniej.

To zróżnicowanie natur będzie pasowało obu stronom. Także jemu, bo jego skrywane emocje zostaną wyrażone przez nią. Matka Natura znowu przybiłaby piątkę.

Kolejny typ kobiet wiążących się z gangsterami to te, które miały w domu ojca o skłonnościach do przemocy…

A.G.: Czy nie omówiliśmy już tego przypadku wcześniej? Mam na myśli kobiety faworyzowane przez ojca despotę.

Andrzej Gryżewski: Tym razem chodzi mi o te panie, które doznały od ojca jakiejś krzywdy. A nawet jeśli nie krzywdy, to przynajmniej przeżywały nieustanną traumę, lęki w cieniu tyrana. Takie kobiety będą chętnie otaczały się panami łagodnymi, empatycznymi, współczującymi, pozbawionymi agresji. Ale szybko się okaże, że łagodny, sympatyczny partner nie jest jej ideałem, przynajmniej nie w sensie magnetyzmu damsko-męskiego. Ona nie będzie odczuwała do niego żadnego pociągu fizycznego, podświadomie marząc o kimś przypominającym ojca: o egoiście, człowieku skłonnym do przemocy, autokracie. Brzmi to absurdalnie, ale to właśnie relacja z ojcem jest dla kobiety prototypem późniejszych relacji z mężczyznami.

Jest też drugie rozwidlenie tej sytuacji – kobieta, żyjąc w młodości w strachu przed ojcem, będzie szukała kogoś, kto również przejawia skłonność do przemocy, ale używa jej… przeciwko ojcu tej kobiety. Będzie stanowił dla niej kogoś w rodzaju ochroniarza oraz mściciela za krzywdy doznane w rodzinnym domu. Z doświadczenia wiem, że takie sytuacje są bardzo częste – zakrapiane alkoholem domowe imprezy stają się często sceną takich rodzinnych porachunków. Oczywiście nie dotyczy to tylko naszego kraju. Mam pacjentkę z Gruzji, która przeżywa taki problem. Jej ojciec jest uzależniony od heroiny i alkoholu, co nie pozostaje bez wpływu na jego osobowość i zachowanie, natomiast jej mąż próbuje nieustannie wyrównywać rachunki z teściem. Najczęściej na tym etapie nie chodzi o przemoc fizyczną ze strony ojca, ale psychiczną. Ojciec dręczy córkę rozmaitymi obelgami typu: „jesteś głupsza od swojej matki" albo „jesteś coraz brzydsza, cycki ci wiszą", a to wywołuje kontrreakcję jej męża.

To jest błędne koło!

A.G.: Rozumiem, że mąż jest tarczą chroniącą nie tylko przed ojcem, ale także przed wszelkimi innymi zagrożeniami płynącymi z zewnątrz.

Andrzej Gryżewski: Naturalnie. On jej zapewnia poczucie bezpieczeństwa na wielu płaszczyznach.

Przypomina mi się pewna moja pacjentka, którą można określić jako typową samicę alfa. Kobieta piękna, o fantastycznych kształtach, zupełnie jak filmowa Emmanuelle albo – przywołując nieco bardziej aktualne porównanie – Scarlett Johansson. Spełnienie marzeń każdego faceta bez pomocy chirurga plastycznego. Ta pani na swojego życiowego partnera wybrała sobie faceta w jej mniemaniu najodpowiedniejszego: wielkiego, napakowanego, wytatuowanego na ramionach i plecach. Silnego i agresywnego. Ona alfa i on alfa – para doskonała. Dlaczego wybrała właśnie jego? Bo ciągle ktoś się do niej dobierał. Ciągle ktoś uważał, że ma u niej szanse, i czynił jej niedwuznaczne uwagi. Dlatego postanowiła znaleźć mężczyznę, który już samym wyglądem odpędzi od niej zalotników. A jak wygląd nie pomoże, to ich odpędzi pięściami. Zresztą facet robi to nad wyraz skutecznie.

I tym razem Matka Natura byłaby zadowolona.

Na koniec tej wyliczanki trzeba wspomnieć o kobietach o osobowości dyssocjalnej. Kiedyś w psychopatologii mówiliśmy o osobowości antyspołecznej, a jeszcze wcześniej, pejoratywnie, o osobowości psychopatycznej. Oczywiście chodzi o to, by takie osoby nie czuły się piętnowane negatywnymi łatkami społecznymi i żeby nie była to samospełniająca się przepowiednia, tylko aby te osoby starały się pracować nad swoimi zaburzeniami osobowości, by dobrze funkcjonować społecznie.

Są to kobiety, które posługują się mężczyznami do osiągnięcia jakiegoś celu, czasami bardzo drastycznego. Osoby dyssocjalne charakteryzuje lekceważenie norm społecznych, niezdolność do dotrzymywania zobowiązań finansowych, brak troski o bezpieczeństwo własne lub innych, skłonność do obwiniania innych, skłonność do rozdrażnienia i agresji, która się wyraża w napaściach słownych lub fizycznych. Tworzą one związki o typie kalkulatywnym i używającym, wielokrotnie dopuszczają się kłamstw i oszustw dla przyjemności lub pieniędzy, a przede wszystkim są niezdolne do poczucia winy i cierpią na brak empatii.

Kilka lat temu opinią publiczną wstrząsnęło podwójne morderstwo. Dwoje nastolatków, Kamil N. i Zuzanna M., zasztyletowało z zimną krwią rodziców Kamila. Zbrodnię planowali od dawna, ale to ona była mózgiem tego spisku. On zaś stanowił bezwolną marionetkę w jej rękach. Ona potrzebowała partnera, który będzie posłusznie wykonywał jej wolę.

Zuzanna M. jest prawdopodobnie przykładem kogoś, kogo określamy mianem „mądrego psychopaty", osoby potrafiącej manipulować innymi, aby ci załatwiali za nią brudną robotę. Tak żeby była ofiara, ale bez sprawców.

Kobiety z tej grupy umieją doskonale omotać faceta, przeważnie „silnorękiego", sprawiać wrażenie rozumiejącej i współczującej partnerki, a tak naprawdę kierują nim jak zdalnie sterowanym samochodzikiem. Można powiedzieć, że te kobiety „grają na sucho", tak jak leczący się hazardziści, którzy chcą się wyrwać ze szponów nałogu, ale przykro im go ot tak porzucić.

Polega to na tym, że idą do kasyna, stają za plecami jakiegoś gracza i podpowiadają mu kolejne ruchy, choć sami oficjalnie nie biorą udziału w grze. Mimo że tak naprawdę często decydują o jej wyniku.

Te mniej inteligentne dyssocjalne kobiety ramię w ramię dopuszczają się przestępstw z partnerami gangsterami. Razem z nimi kradną, razem oszukują, razem porywają. Te bardziej inteligentne wtapiają się w tło, kierując autem z tylnego siedzenia. Kobiety mafii często grają „na sucho". Ma to odzwierciedlenie w zapadających wyrokach. Dostają małą karę pozbawienia wolności, a częściej nie zasiadają w ogóle na sądowych ławach.

ROZDZIAŁ 15

Patrząc oczami wroga

Przyznam, że obawiałem się tego spotkania. W myślach kreśliłem różne scenariusze, z których najbardziej prawdopodobne były dwa warianty: strony porozmawiają grzecznościowo o niczym i rozejdą się bez żadnych konkluzji albo – wręcz przeciwnie – ostro zetną się przy pierwszym trudniejszym temacie i gwałtownie zakończą rozmowę w atmosferze wściekłości i wzajemnego żalu. Właściwie w tym drugim przypadku nie byłoby niczego dziwnego, bo przez wiele trudnych lat między Moniką a Jarkiem wyrósł mur rozmaitych oskarżeń, urazów i podejrzeń. Zatem próba nawiązania dialogu mogła zakończyć się fiaskiem.

A jednak czarny scenariusz się nie spełnił. Rozmowa trwała kilka godzin (poniższa relacja nie jest zapisem całego spotkania – przyp. A.G.) i odbyła się w atmosferze, która mnie zaskoczyła. Oni zwyczajnie chcieli się porozumieć i w znacznym stopniu im się to udało, choć protokół rozbieżności nie jest krótki.

Spotkaliśmy się w trójkę w eleganckiej włoskiej restauracji, w środkowej Polsce. Wydaje się, że podanie dobrego białego wina na początku trudnej debaty znacznie ułatwiło osiągnięcie wspomnianej atmosfery...

Artur Górski: Czy jesteście w stanie określić, kiedy przestaliście być przyjaciółmi, a staliście się wrogami? Co spowodowało, że znaleźliście się po dwóch stronach barykady, i na czym ta wrogość polegała? Skoro dziś siedzimy przy jednym stole i pijemy wino, nie sposób nie zadać sobie pytania: czy nie była to aby wrogość na użytek mediów?

Monika Banasiak: Na pewno nie! Pod koniec lat 90. pewne sprawy zaczęły iść w złym kierunku, a potem, kiedy Jarek został świadkiem koronnym i stanął przeciwko swoim własnym kolegom, w tym przeciwko mojemu mężowi, o dawnej przyjaźni nie mogło być mowy.

Jarosław Sokołowski „Masa": Rzeczywiście, o prawdziwej wrogości można mówić od czasu, kiedy zostałem świadkiem koronnym. Oni, czyli pruszkowscy starzy, mówiąc niezbyt elegancko, palili chuja Franka, że jestem kapusiem, parówą, i to od połowy lat 90. A prawda jest taka, że od lat 90. miałem swoich psów i oni służyli naszej sprawie. Nie ja im donosiłem, a oni robili wszystko, aby grupa pruszkowska mogła spokojnie kręcić swoje lody. Ale po 2000 roku faktycznie przeszedłem na drugą stronę.

M.B.: Z biegiem lat coraz łatwiej przychodzi mi patrzeć na Jarka jak na człowieka, ze wszystkimi jego słabościami i zaletami, a nie na gangstera Masę, którym organy ścigania posłużyły się do rozbicia mafii. Oczywiście zastanawiam się, hipotetycznie, jak bym się zachowała, gdyby moi kompani z grupy przestępczej zaczęli mi wygrażać, sugerować, że niedługo pójdę do piachu, a zaraz po mnie pójdzie tam moja rodzina. Nie wiem, co bym zrobiła przyparta do muru. Tyle że decyzja Jarka w jakimś sensie rozwaliła moje życie, więc trudno, żebym była szczęśliwa, że zrobił to, co zrobił.

A.G.: Czy wtedy, pod koniec lat 90., nie miałaś świadomości, że starzy, z którymi także był twój mąż, zamierzają pozbyć się problemu Masy?

M.B.: Naturalnie, że nie miałam takiej świadomości. Co więcej, byłam karmiona najostrzejszymi zarzutami pod adresem Masy. Coraz częściej słyszałam, że jest to człowiek, którego powinnam się obawiać, zdrajca. Trudno, żebym nie przesiąkła tymi oskarżeniami. Podejrzewam, że oboje, i Jarek, i ja, mieliśmy o sobie zafałszowane pojęcie. Ja uważałam, że on zagraża mojej egzystencji, a on traktował mnie jako część układu dążącego do jego eliminacji.

J.S.: Moniko, nie mam żadnego problemu z tym, żeby uwierzyć w twoje zapewnienia. Jesteś normalną kobietą, ciepłą, rodzinną. Nie dziwię się, że oddałaś się Słowikowi w stu procentach, bo ty nigdy nie oddajesz się w części. I podziwiam cię za to. Ale oznacza to, że bezkrytycznie przyjmowałaś wszystko, co on ci mówił, także na mój temat. Dlatego choć żal miałem do nich, a nie do ciebie, to jednak byłaś moim wrogiem niejako z urzędu. Bo trudno, żebym w tamtym czasie, gdy czułem się zaszczuty jak pies, analizował, kto jest wrogiem bardziej, a kto mniej.

M.B.: Dokładnie. Wiedziałeś, jak bardzo jestem uzależniona od Andrzeja, i mogłeś się spodziewać, że zrobię dla niego wszystko. Wszystko! Także przeciwko tobie. No, może cię nie zabiję, ale...

J.S.: No właśnie. Chciałem cię zapytać o pewną sytuację z początku lat 2000, gdy już twój mąż trafił za kratki i według mojej wiedzy miał posłużyć się tobą do egzekucji na mojej osobie.

A.G.: Czy chodzi o sytuację opisaną w rozdziale *Role w mafijnej rodzinie*?

J.S.: Tak.

M.B.: Jarek, nie wiem, o czym mówisz. To musi być jakaś wierutna bzdura.

J.S.: Powiem w największym skrócie: dwóch pruszkowskich gangsterów, Presley i Lisek, wytropiło mnie w mieście, do którego przeniosła mnie policja. Jako że nigdy specjalnie się nie kryłem, nie mieli z tym większego problemu. Presley natychmiast dał znać tobie, a ty poszłaś do Słowika z pytaniem, co z tym fantem robimy. Rzekomo Andrzej najpierw zadecydował, że nic nie robicie, ale po jakimś czasie zmienił zdanie i wydał polecenie odpalenia mnie. Kiedy policja poinformowała mnie o zagrożeniu, zadzwoniłem do ciebie i trochę ci nawrzucałem. A ty mi powiedziałaś, że Andrzej modli się, żeby nic mi się nie stało.

M.B.: Aha, już wiem, o co chodzi. Ale to twoja wersja tej historii.

J.S.: Co to znaczy moja wersja?

M.B.: Twoja interpretacja, że pośredniczyłam pomiędzy Andrzejem a kilerami. W tamtym czasie, gdyby spadł ci włos z głowy, policja od razu by wiedziała, że Andrzej musiał w tym maczać palce. Jeśli więc mówił, że modli się o twoje zdrowie, to nie dlatego, że tak dobrze ci życzył, ale dlatego, że nie chciał kłopotów.

J.S.: To po co starzy wyznaczyli dwie bańki papieru za moją głowę? To było, jeszcze zanim zaczęły się aresztowania. Już wtedy się mnie panicznie bali.

M.B.: Nie chcę się w tej kwestii wypowiadać, bo nic o tym nie wiem. Przy mnie nie zapadały żadne wyroki! Faktycznie, Andrzej chciał wiedzieć, czy jesteś w tym mieście, o którym mówił Presley. Wtedy ja mu powiedziałam: „Na co ci ta wiedza? Czy ty jesteś normalny? Za mało masz problemów, chcesz dostać dożywocie? Przecież Jarek to jeden z nas. Już zapomniałeś, jak siedziałeś z nim przy jednym stole i goliłeś wódkę?". A on wtedy odparł, że żadnych takich planów wobec ciebie nie ma.

J.S.: Gdybym ich nie znał, może i uwierzyłbym w tę bajeczkę. Tak jak ty uwierzyłaś. Ale starzy to byli wredni krętacze, jedno mówili, a drugie robili. Czy pamiętasz, co się stało z Pershingiem? A przecież pili z nim wódkę o wiele częściej niż ze mną!

M.B.: Nie miałam pojęcia, że mój mąż i jego ferajna mieli cokolwiek wspólnego z tą egzekucją. O wszystkim dowiedziałam się po fakcie i nawet mi do głowy nie przyszło, że oni mogli dać zlecenie na Pershinga! Tamtego dnia poszliśmy na sushi: ja, Andrzej i Zygmunt R. z rodziną. Gdy siedzieliśmy w knajpce, ktoś zadzwonił i powiedział, co się stało. Mój mąż zbladł i jęknął: „Kurwa, zabili go!". A Zygmunt dodał: „Szkoda chłopaka". Naprawdę wyglądali na poruszonych. Jeśli jednak była to tylko szopka na mój użytek, to po prostu nie wiem, co powiedzieć.

J.S.: A ja wiem. I posłuchaj: zaraz potem zadzwonił do mnie Zygmunt i poinformował mnie o egzekucji. I zapewniam cię, że był tak zadowolony, jakby wygrał bańkę w totka. Jadłem właśnie obiad w Kredensie i omal nie udławiłem się kotletem.

A gdy okazało się, że Pershing żyje i trafił do szpitala, o czym powiedział mi jego przyboczny Bedzio, zadzwoniłem do Kabana i krzyknąłem: „Jeszcze się, kurwa, nie cieszcie, bo on z tego wyjdzie!". Tyle że dosłownie za kwadrans Zygmunt zadzwonił znowu i oznajmił tonem zwycięzcy: „A jednak nie żyje!".

M.B.: Sugerujesz, że ten teatr podczas jedzenia sushi to było alibi, przynajmniej dla Andrzeja i Zygmunta? Chyba nie wyobrażasz sobie, że dzień wcześniej mój mąż wyznał mi w chwili słabości: „Moniko, niestety jutro musimy sprzątnąć Pershinga"? Wszyscy twierdzą, że ja wszystko wiedziałam. A to nonsens. Nie wiedziałam o niczym, co nie było przeznaczone dla moich uszu.

J.S.: Byliście nierozłączni...

M.B.: To jest skrót myślowy. Co to znaczy „nierozłączni"? Chociaż przeważnie pojawialiśmy się razem, to jednak Andrzej bardzo często gdzieś znikał, a potem nie spowiadał mi się z tego, co robił i z kim rozmawiał. Jeśli uważasz, że byłam do niego przyklejona, to się mylisz.

J.S.: Wobec tego wszyscy się mylili. Bo sprawialiście wrażenie papużek nierozłączek.

M.B.: Gdybyś wiedział, jak często wracał po nocy, a gdy pytałam, co się stało, on tylko wzruszał ramionami! Albo reagował agresywnie: „A co cię to obchodzi? Pracujesz dla psów, piszesz jakąś książkę?". Do wielu rzeczy po prostu mnie nie dopuszczał.

A.G.: Trudno sobie wyobrazić, że ty, jego wieloletnia żona, nie wsiadasz mu na głowę i nie wymuszasz informacji...

J.S.: Wybacz, ale muszę się wtrącić. Gdybyś znał Słowika, tobym powiedział, że zadałeś głupie pytanie. Ale skoro go nie znasz, to powiem jedynie, że pytanie było z kategorii naiwnych. Wszyscy doskonale wiedzieli, że Słowik nie znosi, gdy się go o coś pyta, coś próbuje się z niego wyciągnąć. Wystarczyło, że popatrzył tym swoim wzrokiem spode łba, i każdy dawał sobie spokój. Nie sądzę, aby przy Monice był inny.

M.B.: Jarek ma rację. Słowik mnie kochał, to bez dwóch zdań, ale nie traktował jak powiernika sekretów. A wracając do kwestii manipulowania mną – kiedy Jarek poszedł na koronnego, Andrzej powiedział mi: „Zaraz zawiną twojego męża, a ty i nasz syn będziecie mieli problemy, jakich sobie nawet nie wyobrażasz". No to jak w takiej sytuacji miałam nie traktować Masy jako wroga? Przez całe lata oskarżałam Jarka o to, że zabrał mi męża i rozbił rodzinę. Ale trudno się dziwić – byłam w środku pewnego układu i patrzyłam na świat oczami Andrzeja.

Fot. Rafał Mielnik/Agencja Gazeta

J.S.: A gdybyś była częścią innego układu, to powiedziałabyś: „Jakie to podłe, że Słowik i jego kompani zabili Pershinga i zabrali jego córce ojca"? Każdy pewne sprawy widzi inaczej.

M.B.: Powtarzam: wiem tyle, ile mówił mi Andrzej.

J.S.: Pewnie nie powiedział ci także o układach starych z Sojuszem Lewicy Demokratycznej? To już była końcówka lat 90. i Pruszkowowi bardzo zależało na parasolu ochronnym polityków. Dlatego zawarli z nimi umowę, że będą ochraniać salony gry, które w jakiś tam sposób były podpięte pod SLD. Pamiętam, że starym urosły skrzydła – chwalili się, co to nie oni i że od teraz nie ma na nich silnych.

Nie znam szczegółów tej transakcji i chętnie bym się o niej dowiedział czegoś więcej. Wiem tylko, że to był deal wart miliony dolarów.

M.B.: Przykro mi, ale jeśli rzeczywiście był taki układ, to na pewno Słowik mnie w niego nie wtajemniczył. Sama jestem ciekawa, którzy politycy dogadywali się z gangsterami. Wiem natomiast, że zarząd nie gardził żadnymi pieniędzmi.

J.S.: Wobec tego zostawmy na razie ten wątek, choć myślę, że jest na tyle ciekawy, że warto go drążyć. W sumie nie dziwię się, że Słowik trzymał w tej sprawie gębę na suwak.

M.B.: Powiem wam jedno: starzy zawsze powtarzali, że Masa to łebski chłopak, który potrafi zarobić dużo pieniędzy. Ale był w tym zarówno podziw, jak i zwykły ludzki wkurw. Szczególnie kiedy docierało do nich, że duża część tego tortu trafia do Pershinga, a oni musieli zadowalać się ochłapami.

J.S.: A nie mówili, że trzeba mnie ukarać?

M.B.: Zdziwisz się, ale ja nigdy podczas ich rozmów nie wyczuwałam jakiejś wielkiej niechęci do twojej osoby. A już na pewno nie ze strony mojego męża. Andrzej uważał cię za fajnego kompana, takiego do pogadania i do wypitki. Choć jednocześnie dodawał, że nie jesteś łatwy w obsłudze i trzeba umieć do ciebie dotrzeć.

J.S.: Słowik wiedział, że jestem mu potrzebny. Bo ja dysponowałem dużą i mocną ekipą, a on latał po mieście sam. A to czasami nie wystarczało, żeby dopiąć jakąś sprawę.

M.B.: Dokładnie. Zdarzało się, że Słowik nie był w stanie czegoś zrobić w pojedynkę. I wtedy mówił: „Zadzwonię do Jarka, wszystko będzie dobrze". I dzwonił. W ogóle uważam, że starzy byli idiotami. Gdyby usiedli z Jarkiem i naprawdę ułożyli relacje z nim tak, żeby wszyscy byli zadowoleni, nie skończyłoby się tak, jak się skończyło. Ale oni byli zadufani w sobie i uważali, że nie muszą nikogo o nic prosić, bo są tak mocni.

J.S.: Dlatego spytałem o ten układ z SLD. Bo im naprawdę wtedy odbiło i chyba uznali, że są nietykalni. Wtedy zaczęli robić rzeczy, które wcześniej nie mieściły się w głowie! Ja nie wykluczam, że Słowik mógłby chcieć się ze mną porozumieć, ale on był za krótki w tym układzie. Nie podskoczyłby tej łysej pale, czyli Parasolowi, czy Maliźnie. A oni mieli alergię na moim punkcie i cały czas naciskali na Słowika i Kabana, żeby ci przyłączyli się do spisku. Powtarzali: „Masa ma wszystko, dziś jest jak pączek w maśle, a jak była wojna z Dziadem, to my walczyliśmy, a nie oni". Taką mi chorobę wymyślili, że niby nie kiwnąłem palcem w bucie, kiedy oni dzielnie nadstawiali karku.

A.G.: A nie nadstawiali?

J.S.: Wszyscy nadstawiali. Ja też brałem udział w tej wojnie, w co najmniej takim samym stopniu jak starzy. No ale oni zawsze mieli pamięć wybiórczą.

M.B.: Pamiętam, jak przyjechałam kiedyś do Zygmunta po mojego męża. I usłyszałam słowa, które zrobiły na mnie duże wrażenie: „Ten Janek (chodziło o Parasola – przyp. A.G.) to pieprzony psychopata! Kiedyś wszyscy pójdziemy przez niego siedzieć”. Czyli Zygmunt miał świadomość, że niektórzy starzy grają w głupią i niebezpieczną grę.

J.S.: A jednak się ich trzymał i wiele na tym stracił. Mówiłem kiedyś Parasolowi, że jeśli nie umie zarabiać hajsu, to niech się ze mną dogada, ja się nim podzielę. Na wszystkich weselach przecież nie zatańczę. Ale on był zbyt dumny, żeby się zniżać do poziomu negocjacji ze mną. Uważał, że jest królem, a cała sfora gangsterskiego planktonu utwierdzała go w tym przekonaniu. Klękali przed nim, całowali mu łapska i wzdychali do niego: Don Jano, don Jano... Kabaret, kurwa mać, i to taki najniższej kategorii!

M.B.: Tak naprawdę pudło, do którego trafili starzy, uratowało im życie. Gdyby Pruszków trwał, pozabijaliby się wzajemnie. Niezręcznie mi to mówić, bo przecież policja posadziła także mojego męża, ale może i on – paradoksalnie – dzięki temu żyje? Zresztą, jakie oni wyroki podostawali? Pięć, sześć lat?

J.S.: Słyszałem, że kiedyś – oczywiście już po odsiadce – Parasol powiedział do swojego znajomego: „Masa to chuj zeznał, on nic nie zeznał. Tak naprawdę to obciążył nas Sankul”. Ten znajomy to mój dawny przyjaciel, nieżyjący już Arek z Pruszkowa, więc nie mam powodów, żeby wątpić w jego relację.

M.B.: Ja natomiast podejrzewam, że miałeś również źródła informacji, których wartość nie była zbyt duża...

J.S.: Dokładnie! Tak jak ty byłaś przez starych i Słowika karmiona pewnymi wersjami zdarzeń i one wpływały na twój stosunek do mnie, tak mną próbował manipulować Sproket. W pewnym momencie byłem z nim w bliskich relacjach i ufałem mu. A on mnie przekonywał, że mam w tobie groźnego nieprzyjaciela.

A.G.: Powróćmy na chwilę do lat 90. Interesuje mnie wątek „internowania" Słowika i Moniki w Kolumbii jako rodzaj zastawu za wysłaną do Polski kokainę. Pytanie do Moniki: czy rzeczywiście byliście zakładnikami, czy podróżowaliście „biznesowo" i nikt nikogo nie kontrolował?

M.B.: Już mówię. Jak pewnie obaj wiecie, Andrzej i Zygmunt mieli hurtownię owoców...

J.S.: Jasne. I pojechali do Kolumbii po banany! Moni, proszę cię, nie opowiadajmy bajek! To naprawdę nie była wyprawa po owoce, chyba że kokainę potraktujemy jak owoc. Czy pamiętasz, jak byłem u was i dostałem od Andrzeja likier w butelce przypominającej sztabkę złota?

M.B.: Owszem, pamiętam. Gdyby to było prawdziwe złoto, to może byłoby w tym coś dziwnego, ale skoro to był likier...

J.S.: Chodzi mi tylko o to, czy pamiętasz tamto spotkanie. To właśnie wtedy Słowik chwalił się, jak pojechał do kartelu po koks, jak go Kolumbijczycy wozili motorówką po rozlewiskach w dżungli i jak prowadził z nimi negocjacje. Nie przypominam sobie, aby padło chociaż słowo na temat bananów.

M.B.: Nie twierdzę, że nie było tamtej podróży. Zjeździliśmy prawie całą Amerykę Południową, od Chile i Argentyny przez Boliwię po Kolumbię. W Kolumbii zatrzymaliśmy się na dłużej, to fakt. Ale pamiętaj, że Słowik miał ułańską fantazję, u niego wszystko musiało być nadzwyczajne, epickie, jak z filmu. On nie mógł pojechać na zwykłą wycieczkę typu all inclusive, tylko od razu po kokainę do Escobara. A że w jego opowieściach nie zawsze było sto procent prawdy, to już inna sprawa. On w ten sposób budował swoją legendę, także w twoich oczach.

J.S.: Ale tym razem mówił prawdę. Za dużo osób było zaangażowanych w ten interes, żeby teraz opowiadać o wycieczce krajoznawczej. W książce *Masa o pieniądzach polskiej mafii* opowiedziałem o tym dokładnie – kontakt na kartel Pruszków dostał od biznesmena Dariusza W., który przyjaźnił się z pewnym kolumbijskim gangsterem. To W. nagrał tę kokainę, a Słowik był jednym z głównych rozgrywających po stronie Pruszkowa. Mózgiem operacji był Wańka. Po szczegóły odsyłam do wspomnianego tomu.

Ja też miałem być na działce, ale zostałem z niej wyślizgany.

M.B.: Być może dla potencjalnego czytelnika twojej książki będzie to mało atrakcyjne, ale muszę po raz kolejny powiedzieć: nie miałam o niczym pojęcia. Pierwszy raz słyszę o tym, żeby Darek W. pośredniczył w kontaktach Pruszkowa z kolumbijskim kartelem.

Naprawdę wierzyłam w wersję, że jedziemy w sprawie owoców; to było wiarygodne. Zresztą ja w Kolumbii głównie spędzałam czas na plaży, a po Andrzeja przyjeżdżał zawsze jakiś latynoski macho i razem udawali się samochodem w nieznanym mi kierunku. O czym rozmawiali, co robili – Bóg raczy wiedzieć. A raczej Bóg, Słowik i Kolumbijczycy.

J.S.: To oczywiste, że goście z kartelu nie mają zwyczaju załatwiać interesów z kobietami. Dlatego mogłaś być nieświadoma tego, co jest grane. Choć byłem pewien, że Słowik dopuszczał cię do większych tajemnic...

A.G.: A czemu Słowik, skoro tak długo deklarował pozytywny stosunek do Jarka, jednak opowiedział się po stronie jego wrogów? Przecież był nietuzinkową osobowością i mógł się postawić.

M.B.: Nie zapominaj, że był częścią stada. A stado trzyma się razem. Z reguły nikt nie wyskakuje do przodu, a jak przychodzi kogoś zagryźć, to każdy bierze w tym udział. W stadzie nie możesz okazać słabości, bo wtedy ono zagryzie ciebie. Przede wszystkim jego członków łączyły pieniądze – i te, które mieli, i te, które chcieli zarobić. W stadzie czuli się mocni i wierzyli, że razem osiągną wszystko.

Ale ja nie czułam, że stado chce zagryźć Jarka.

J.S.: Naprawdę nie przyszło ci to do głowy? Nawet po tym, jak zostałem świadkiem koronnym, a oni wyznaczyli nagrodę za moją głowę? Przecież wszystkie media o tym trąbiły...

M.B.: Dlaczego miałabym wierzyć mediom? Na mój temat też pisano w gazetach niestworzone rzeczy.

J.S.: A nie byłaś na opłatku, który się odbył w 1999 roku w knajpie na Saskiej Kępie?

M.B.: Niczego takiego sobie nie przypominam. To był najwyraźniej męski opłatek.

J.S.: Słowik tam był, więc pomyślałem, że pewnie zabrał cię ze sobą. Była cała pruszkowska ekipa, łącznie z Ryszardem P. „Krzysiem", który po moim aresztowaniu od razu przykleił się do starych. Bo ja wtedy znajdowałem się w areszcie w Wadowicach. Ale miałem możliwość skorzystania z telefonu, więc zadzwoniłem do Ryszarda Sz. „Kajtka". Powiedział mi: „Wracaj, Jarek, do nas, Pershinga już nie ma, ale my jesteśmy, więc możemy działać razem". Tyle że zaraz usłyszałem rozbawiony głos Malizny siedzącego gdzieś obok: „Wracaj, kurwa, to cię zaraz wyślemy tam, gdzie jest Pershing!". A potem do Malizny dołączył Parasol i rzucał na mnie bluzgi.

Szybko skumałem, co jest grane i gdzie jest moje miejsce.

M.B.: Nigdy nie było mnie przy rozmowach, na których planowano cokolwiek przeciwko Jarkowi. Przynajmniej nie do czasu, kiedy poszedł na koronę. Potem to i do mnie docierały różne sygnały, że starzy są na niego wściekli i najlepiej byłoby uniemożliwić mu składanie zeznań. Kiedy dowiedziałam się, że zastraszają jego rodzinę, zaczęłam pytać mojego męża, czy to prawda. Ale on mnie zapewniał, że to typowe policyjne prowokacje.

J.S.: Bądźmy szczerzy – ja też mojej żony Eli nie wtajemniczałem we wszystkie swoje sprawy. W tym sensie trochę Słowika rozumiem. Ale sądziłem, że ty wiesz o wiele więcej.

M.B.: Bo pozory mylą, a czasami mogą mieć bardzo bolesne konsekwencje. Odsiedziałam w areszcie dwa i pół roku za rzekome przywództwo w zorganizowanej grupie przestępczej. Ktoś mi kiedyś powiedział: „Moni, naprawdę wszyscy sądzili, że ty kręcisz całym tym interesem. Tak to wyglądało". Zdziwiłam się i zapytałam: „A po czym można poznać, że kierowałam gangiem?". Ten ktoś odpowiedział: „Kiedy przyjeżdżałaś z Wadimem na jakieś spotkanie, wszyscy stawali na baczność, ten i ów cmokał cię w rękę, ludzie pytali o zdrowie. I takie tam duperele. Z daleka wyglądało to tak, że oni siedzą z rozdziawionymi gębami, a ty im wydajesz jakieś polecenia".

Wyobrażacie sobie? Tylko tyle wystarczyło, żeby zrobić ze mnie bossa!

Na tej samej zasadzie byłam wspólniczką Słowika. Śmiechu warte.

J.S.: Rzecz w tym, że Słowik chwalił się mokrą robotą niemal przy tobie, w moim domu! Może akurat wyszłaś do łazienki, może odbierałaś telefon, ale zapamiętałem, że byliście razem, kiedy opowiadał, jak rozwalił tych gości w gołębniku Dziada. Tak samo chwalił się udziałem w zabójstwie Czarka D., młodego Dreszcza i w wielu innych sprawach. Egzekucję Czarka opisywał wyjątkowo detalicznie, powiedziałbym, że wręcz z lubością.

M.B.: Jarek, ja po prostu nie wyobrażam sobie, żeby ten człowiek mógł wziąć do ręki pistolet i strzelić komuś w głowę! Koniec kropka. Mógł przypisywać sobie cudze zasługi, mógł szpanować, jaki to z niego macho, ale nie każ mi wierzyć w te wszystkie megalomańskie przechwałki! Podejrzewam, że pijackie przechwałki. Bo nieraz bywałam świadkiem sytuacji, w których mój mąż przedstawiał jakąś wersję zdarzenia, a ja znałam prawdę, która miała się nijak do jego opowieści.

To nie jest tak, że ty mi o czymś opowiesz i ja to wezmę za pewnik. Chyba mnie rozumiesz. Poza tym gdyby rzeczywiście Andrzej miał tyle głów na koncie, to nie rozpowiadałby wszystkim, jaki to z niego kiler!

J.S.: Wszystkim nie. Ale u mnie w domu nie było wszystkich. On opowiadał to mnie. Zaufanemu kumplowi. On bardzo się wtedy starał do mnie zbliżyć, więc chciał mi udowodnić, że przede mną nie ma żadnych tajemnic.

M.B.: Tym bardziej plótł trzy po trzy, wierząc, że zrobi na tobie wrażenie. Miał w tym interes, żeby przedstawić siebie w takim, a nie innym świetle. Wszyscy byliśmy w takim świecie, w którym zły jest lepszy od dobrego, a gorszy lepszy od złego.

J.S.: Wobec tego przyjmijmy, że te jego opowieści, prawdziwe czy nie, tego tu nie rozstrzygam, były podstępem. Chciał się do mnie zbliżyć, choć niekoniecznie żeby zostać moim przyjacielem na dobre i na złe. Do Pershinga też się zbliżył tylko po to, żeby w efekcie wystawić go na strzał. Podstawił mu nawet swoją kochankę, która była w zmowie ze starymi. A Pershing, oczywiście, poleciał na młodą laskę.

M.B.: Poznałam tę dziewczynę, ale pierwsze słyszę, żeby była kochanką mojego męża…

J.S.: Nigdy o tym nie czytałaś?

M.B.: Jarek, to, że o czymś napiszą w gazetach, nie znaczy jeszcze, że to z automatu prawda. Dlatego nie potwierdzę, że ta dziewczyna była kochanką Słowika. Oczywiście nie zaprzeczę, bo skoro Andrzej tak wiele przede mną tail, to na pewno nie zwierzyłby się z kochanki, która miała wystawić kilerom Pershinga.

J.S.: Nie oczekuję, że to potwierdzisz. Po prostu mówię to, co wiem, także od Słowika. To, że był megalomanem, to prawda. Ale pamiętaj – gdybym go złapał na konfabulacji, na podpinaniu się pod cudze sukcesy, to facet byłby skończony. Bo akurat w środowisku gangsterskim przypisywanie sobie czegoś, czego się nie zrobiło, jest grzechem kardynalnym. Pamiętaj, że słowa Andrzeja wielokrotnie potwierdzili starzy. Przy wódzie zawsze rozwiązywały im się języki i można było od nich wszystko wyciągnąć. Jak od bab na bazarze. A oni znali prawdę. A już na pewno szczegóły spisku na Pershinga.

A.G.: Moniko, pozwolisz, że na koniec zapytam: czy jesteś w stanie uwierzyć w to wszystko, co usłyszałaś od Jarka o swoim byłym mężu?

M.B.: Jarek powiedział kiedyś, że dla Słowika zabić to tak, jak splunąć. Zawsze miałam do niego żal o te słowa, bo w głowie mi się nie mieściło, że mój mąż mógłby kogoś zabić. I do dziś mi się nie mieści, choć już jestem w stanie w miarę spokojnie o tym rozmawiać. Rozmawiać, co nie znaczy przyznać rację. Na to jest o wiele za wcześnie.

ROZDZIAŁ 16

Figury wracają do pudełka

Monika Banasiak: Jest takie stare chińskie przysłowie: „Wszystkie szachowe figury, od zwykłego pionka po króla, i tak zawsze kończą w pudełku". Ta mądrość jak ulał pasuje do bossów polskiej mafii: zdawało im się, że rządzą na planszy, że są królami, królowymi czy wieżami, ale jak przyszedł ich czas, zostali strąceni i wrzuceni do pudełka. Szachy, choć wymagają pewnego talentu, to dość prosta gra, zero-jedynkowa. Albo wygrywasz, albo przegrywasz.

Rzeczywiście, przez całą dekadę starzy trzęśli Polską, ale to nie znaczy, że dobrze rozgrywali swoją partię. Czasy były inne, więc faceci, którzy zupełnie nie dorośli do swoich ról, mogli odstawiać wielkich bossów czy wręcz rekinów biznesowych. Chłopcom z Pruszkowa, a także mojemu mężowi, nawet do głowy nie przyszło, że to musi się skończyć, a upadek będzie wyjątkowo bolesny. Bo ktoś, kto miał potencjał, by obrabować kiosk, a przez rozmaite zbiegi okoliczności został wykreowany na członka grupy przestępczej, zawsze w końcu spadnie z planszy.

Artur Górski: Czy uważasz zatem, że naprawdę wszyscy przegrali? Niektórzy sądzą, że wzięli udział w cyrku dla gawiedzi, czyli dali się ukarać w błysku fleszy, ale na pewno udało im się ustawić do końca życia.

M.B.: Przegrali. Co do tego nie może być wątpliwości. Czy wiesz, co jest najważniejsze w życiu? Samo życie. A tę partię każdy z nich przegrał, choć mogła się potoczyć zupełnie inaczej. Wystarczyło włączyć myślenie i okazać odrobinę pokory. Powiem ci coś: jeśli pieniądze staną się dla ciebie głównym, czy wręcz jedynym, priorytetem, to zaczynasz postrzegać świat w fałszywych barwach. A to nie ma prawa skończyć się dobrze. Rzecz w tym, że starzy nawet tych pieniędzy nie potrafili utrzymać przy sobie. Bo czym innym jest zdobycie majątku, sławy i kobiet, a czym innym zachowanie tej zdobyczy na długo. Oni to wszystko mieli, ale roztrwonili, bo zabrakło im inteligencji. Bo pieniądze, sława, kobiety, a nawet narkotyki są dla mądrych ludzi. Głupi nie są w stanie zrobić z nich sensownego użytku.

A.G.: Mieli to wszystko przez dziesięć lat. To mało?

M.B.: Pewnie, że mało. Najważniejsze to, jak śpiewa grupa Perfect, „zejść ze sceny niepokonanym". I w odpowiednim momencie.

A.G.: Wobec tego co pruszkowscy bossowie, w tym Słowik, mogli zrobić, aby zachować się zgodnie z powyższą zasadą?

M.B.: Historia przestępczości doskonale zna przypadki, kiedy bossowie usuwali się na z góry upatrzone pozycje i przechodzili do legalnego biznesu, dysponując dobrze wypranymi pieniędzmi. Ja nie twierdzę, że to byłoby moralne, ale byłoby z ich punktu widzenia o wiele bardziej sensowne. Zresztą o jakiej moralności my mówimy? Czy słyszałeś kiedyś o czystych wielkich pieniądzach? Korzenie fortun zawsze sięgają bagna. Zarówno rodzina Kennedych, jak i Onassisów, których przecież nikt nie kojarzy z kryminalnym półświatkiem, swoje pierwsze duże pieniądze zarobiły na nieczystych interesach. Najczęściej z mafią. Niestety, powiedzenie, że pierwszy milion trzeba ukraść, nie jest jedynie figurą stylistyczną, tylko świętą prawdą.

Ale tak już jest, że nielegalne miliony odpowiednio ulokowane stają się czyste, a ich właścicieli wynoszą do świata elit. Czy nam się to podoba, czy nie.

Tak samo wielkie pieniądze gromadzone przez przywódców państw często mają wątpliwe pochodzenie. Mam na myśli na przykład majątek Putina czy Łukaszenki. Albo byłego prezydenta Ukrainy Janukowycza, który przecież pochodzi ze znanej mafijnej rodziny i zaczynał na ulicy. Jego kariera polityczna nie wzięła się znikąd.

A.G.: Niezły przeskok – od pruszkowskich starych do możnych tego świata. Widzisz jakieś podobieństwa?

M.B.: Nie, absolutnie nie. Chodziło mi tylko o podanie przykładów fortun, które mają niezbyt legalne źródło. Pruszkowa nie ma co stawiać na tym samym poziomie, bo polska mafia była co najwyżej karykaturą mafijnych struktur w USA, Rosji czy na Dalekim Wschodzie.

Owszem, w Polsce wciąż działa mafia, ale to nie jest polska struktura.

A.G.: A jaka?

M.B.: Choćby rosyjska, ukraińska czy włoska.

A.G.: Podobno w latach 90. grupy przestępcze zza Buga bały się konfrontacji choćby z Pruszkowem...

M.B.: Czy się bały naprawdę, to już zupełnie inna historia. Ale rzeczywiście, ośmiornica ze Wschodu rozciągnęła macki w ostatnich latach, powiedzmy po 2000 roku. I nie chodzi jej o działalność typowo gangsterską, ale o wielkie przewały finansowe. Bardzo interesuję się tym tematem, zresztą coraz częściej w mediach pojawiają się informacje o różnych metodach prania pieniędzy. Jak grzyby po deszczu powstają niewielkie spółki, które mają udziałowców i w Polsce, i w jakimś innym kraju, gdzie sądownictwo nie trzyma się – mówiąc delikatnie – najwyższych standardów. Prezesem takiej spółki jest obywatel tego drugiego kraju, więc sprawy związane z działalnością firmy trafiają do tamtejszych sądów. A tam wszystko zostaje załatwione po myśli inwestorów. W wielu przypadkach takie spółki są zasilane przez kapitał mafijny, często rosyjski. Rosjanie to mądrzy chłopcy. Zresztą mają inteligentnego prezydenta, który – cokolwiek o nim w Polsce myślimy i mówimy – jest politykiem z krwi i kości. Wywodzącym się z KGB, doskonale poukładanym z biznesem, bez problemu osiągającym własne cele. On też rozgrywa trudną partię szachów, ale w przeciwieństwie do polskiej mafii nikt mu nie powiedział „mat". „Szach" słyszał wielokrotnie, ale zawsze wychodził z opresji obronną ręką.

A.G.: Co jakiś czas na łamy gazet trafia hasło „Pruszków – reaktywacja"...

M.B.: Trzeba być totalnie niezorientowanym w realiach rodzimego półświatka, żeby poważnie traktować takie zapowiedzi! Nigdy nie będzie reaktywacji tego trupa, nawet jeśli niektórym coś takiego się marzy. Zresztą dawni bossowie siedzą i moim zdaniem posiedzą jeszcze długo. Teraz mają zupełnie inne problemy niż odtwarzanie mafijnych struktur. No i zbliżającą się starość na karku.

A.G.: A nie wierzysz w to, że przynajmniej niektórzy z nich mają pochowane miliony i nawet jeśli sami z nich już nie skorzystają, ich rodziny są ustawione do końca życia?

M.B.: Nigdy nie słyszałam o żadnych ukrytych milionach. Z własnego doświadczenia wiem jedynie, że moje dziecko nie za bardzo ma z czego żyć, bo jego tata, o którego fortunie tak często się mówi, nie zapewnił mu żadnych środków. Nie chcę wchodzić w szczegóły, powiem tylko, że nie tak to sobie wyobrażałam. Nie sądzę, że ktoś dysponuje fortuną Andrzeja i nie chce jej przekazać mojemu synowi. Tych pieniędzy po prostu nie ma. Mój mąż zawsze lubił żyć ponad stan, a to, niestety, kosztuje.

A.G.: Na koniec pytanie: czy utrzymujesz kontakt z kimś z dawnych czasów?

M.B.: Nie. Zrobiłam wszystko, żeby się odciąć od tamtego świata. Nie jest mi do niczego potrzebny! Utrzymywanie relacji z tamtymi ludźmi może być wręcz szkodliwe.

A.G.: No ale legendy Słowikowej nieprędko się pozbędziesz...

M.B.: Mimo to bardzo się staram, aby się od niej odciąć. Czasami słyszę, że jako żona słynnego bossa mogłabym jeszcze coś osiągnąć w półświatku. To jest oczywista nieprawda, bo – raz jeszcze użyję porównania do gry – w mafii jest jak w pokerze. Możesz stroić się w pawie pióra i, mówiąc językiem gangsterów, „bujać się na farmazonie", ale zawsze w końcu ktoś powie: „Sprawdzam!". A ja w tym rozdaniu miałabym bardzo kiepskie karty. Natychmiast wykopano by mnie od stołu. Więc nawet nie myślę, żeby w ogóle przy nim siadać. Mam nowe życie i wierzę, że to w nim zgarnę pełną pulę!

Bo nawiązując do gry w szachy, zostałam sama na planszy i rozgrywam partię bez zbędnych pionków. W mojej nowej grze to ja dyktuję zasady, bez kompromisów i uznawania błędów.

A.G.: Nawet własnych? Sądzisz, że nie popełnisz ich już nigdy?

M.B.: Błąd można popełnić tylko raz. Potem to już nie błąd, lecz świadomy wybór. A nasze życie to przecież suma wszystkich wyborów.

Nie wstydzę się swojego życia. Doświadczyłam w nim, mówiąc nieco patetycznie, i sukcesu, i porażki, i miłości, i zdrady, i brylantów, i ascezy. Mówiąc krótko: miałam wszystko i nic.

Każdy z moich wyborów doprowadził mnie do miejsca, w którym jestem teraz. Rzeczy piękne nauczyły mnie kochać życie, a rzeczy złe nauczyły, jak żyć. Nie oglądam się za siebie.

Zawsze wszystkim mówiłam, że moja siła tkwi w konsekwencji bycia sobą, obojętnie gdzie, z kim i kiedy. Teraz jestem na kolejnym etapie życia. Z kimś, kto mnie wspiera, inspiruje, a nie podcina mi skrzydła. Przy kim czuję się bezpieczna.

Wybacz mi jeszcze tę odrobinę patosu na koniec, ale muszę to powiedzieć: złapałam w żagle pomyślny wiatr, a mój mały jacht ma swojego ostatniego admirała. Sądziłam, że prawdziwi mężczyźni nie istnieją, choć cały czas liczyłam, że w końcu znajdę tego, który – pomimo swoich wad – będzie dla mnie idealny.

Wiem jedno – nie chcę już dłużej być silna. Chcę być po prostu szczęśliwa.

Spis treści

POLECAMY

POLSKI ŚWIADEK KORONNY NUMER JEDEN
PRZERYWA MILCZENIE!
MASA
O KOBIETACH POLSKIEJ MAFII
JAROSŁAW SOKOŁOWSKI „MASA"
W ROZMOWIE Z ARTUREM GÓRSKIM
Prószyński i S-ka

POLECAMY

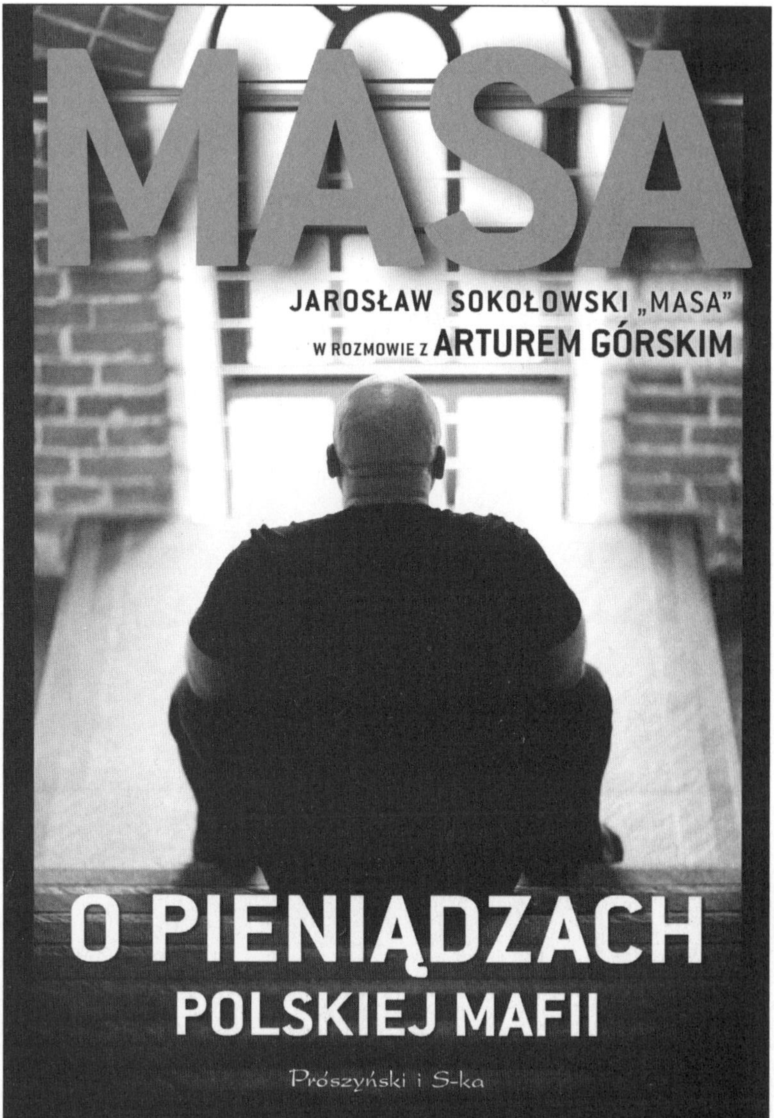
MASA
JAROSŁAW SOKOŁOWSKI „MASA"
W ROZMOWIE Z ARTUREM GÓRSKIM
O PIENIĄDZACH
POLSKIEJ MAFII
Prószyński i S-ka

POLECAMY

MASA
JAROSŁAW SOKOŁOWSKI „MASA"
W ROZMOWIE Z ARTUREM GÓRSKIM
O PORACHUNKACH
POLSKIEJ MAFII
Prószyński i S-ka

POLECAMY

MASA
JAROSŁAW SOKOŁOWSKI „MASA"
W ROZMOWIE Z ARTUREM GÓRSKIM
O BOSSACH
POLSKIEJ MAFII
Prószyński i S-ka

POLECAMY

MASA
JAROSŁAW SOKOŁOWSKI „MASA"
W ROZMOWIE Z ARTUREM GÓRSKIM
O KILERACH POLSKIEJ MAFII
Prószyński i S-ka

POLECAMY

MASA
JAROSŁAW SOKOŁOWSKI „MASA"
W ROZMOWIE Z ARTUREM GÓRSKIM
O ŻOŁNIERZACH
POLSKIEJ MAFII
Prószyński i S-ka

POLECAMY

MASA
JAROSŁAW SOKOŁOWSKI „MASA"
W ROZMOWIE Z ARTUREM GÓRSKIM
O ŻYCIU ŚWIADKA KORONNEGO
Prószyński i S-ka